깊은 감사와 존경을 담아

_____ 님께 드립니다.

격과 치

인생의 격을 높이고 현자의 치를 터득하다

격과 치
格　治

민경조 지음

알키

들어가며

우리는 자고 일어나면 새로운 기술이 발명되는 획기적인 시대를 살고 있다. 그래서인지 예전 이야기를 꺼내는 것이 가끔은 고루하고 시대에 뒤떨어진 것처럼 느껴질 때가 많다. 하지만 이런 놀라운 발전은 하루아침에 이루어진 것이 아니다. 어느 시대건 획기적인 변화는 늘 있어왔다.

역사를 거슬러 올라가 보자. 인류는 네 발로 걷다가 두 발로 걷기 시작하면서 손이 자유로워졌고, 불을 발견하고서 음식을 익혀 먹고 난방을 하게 되었으며 어둠에 예속되어 있던 캄캄한 밤의 삶에서 벗어났다. 축의 시대로 불리는 기원전 5세기 전후에는 동·서양의 수많은 사상가, 철학가들이 나타나 인류의 정신문화를 형성했다. 그 이전, 문자를 만들어 의사소통을 어느 정도 마음먹은 대로 하게 되었고, 종이를 만들어 생각한 바를 기록하게 되었으며, 인쇄술을 발명해 그 기록을 오랫동안 보존할 수 있게 되었다. 특히 산업혁명 후에는 과학 기술이 인류의 삶을 엄청나게 발전시켰다. 증기기관, 전기, 전자 등 전 분야에서 획기적인 발명·발견이 이어졌다. 이제는 디지털 기술이 인류의 삶을 다시 한번 변화시키려 하는 도약의 시대에 접어들었다.

이처럼 눈부신 삶의 질 향상은 어느 날 아침 하늘에서 뚝 떨어진 것이 아니었다. 새로운 발견이나 발명은 선인들의 발자취에서부터 출발하지 않았다면 탄생하지 못했을 것이다. 선인들의 성공과 실패는 그야말로 산 경험과 지식의 산물이었다. 우리가 역사를 공부하고, 고전을 읽는 것도 바로 이들을 거울삼아 현재의 나를 돌아보고 미래를 열어가려는 생각에서일 것이다.

나는 이러한 생각을 가지고, 선인들의 지혜와 경험이 녹아 있는 고전을 통해 미래의 바다를 항해하는 데 도움이 될 나침반으로 삼고자 이 책을 준비해왔다. 이 책에는 대표적인 동양 고전들에서 가려 뽑은 중요한 말씀 여든여덟 가지가 수록되어 있다. 나는 지난 수십 년간 탐독해온 고전들 여러 권 가운데 특히나 크고 작은 조직에서 수장을 맡고 있는 사람, 나아가 앞으로 우리 사회를 이끌어갈 예비 리더들에게 도움이 될 만한 말씀들만을 고르고 골랐다.

흔히들 일이란 하다 보면 저절로 몸에 익게 되는 것이라고들 하는데, 리더십이란 세월이 지난다고 해서 자연스레 터득할 수 있는 것이 아니며 저절로 얻을 수 있는 것은 더더욱 아니다. 이는 끝없는 고민과 노력, 철저한 자기 수양과 희생정신 그리고 남을 배려하고 양보하는 정신이 있어야 겨우 그 의미를 알아갈 수 있는 것이다.

나는 성인들의 위대한 말씀과 역사의 결정적인 장면들이 담긴 고전이야말로 우리가 알아야 할 리더십의 모든 것이 담긴 보물상자라고 생각한다. 부디 이 책이 불확실한 내일을 향해하는 미래의 리더들에게 어제의 보석상자를 열어보는 기회를 제공했으면 한다.

끝으로 이 졸저가 나오기까지 고생을 아끼지 않으신 출판사 관계자 여러분들께 깊은 감사의 말씀을 전한다.

내지동 우거에서
민경조

차례

들어가며 … 5

1부 날마다 성장하는 삶

01 군자가 미워하는 것 … 14
02 꼭 많이 알아야 할 필요는 없다 … 16
03 나만의 역할은 무엇인가 … 18
04 입은 재앙의 문, 혀는 몸을 자르는 칼 … 20
05 첫 발을 내딛는 힘, 계속 나아가는 힘 … 22
06 자신의 부족함을 알고 있는가 … 24
07 세상은 큰일에 매달린 이에게 관대하다 … 26
08 하늘에 죄를 지으면 빌 곳조차 없어진다 … 28
09 정도에서 벗어나면 화를 부른다 … 30
10 남이 나를 알아주지 않음을 신경 쓰지 마라 … 32
11 한낱 미물까지 귀히 여기는 마음 … 34
12 물방울이 돌을 뚫고 새끼줄이 나무를 자른다 … 36
13 나의 잘못을 바로잡아주길 바라다 … 38
14 세상에 스승 아닌 사람이 있으랴 … 40
15 의롭지 않은 부귀는 탐내지 않는다 … 42
16 바탕과 겉차림이 어울려야 군자다 … 44
17 총애와 치욕은 지극히 상대적인 것 … 47
18 지나침은 모자람과 같다 … 50

19 힘이 부족한 자는 중도에 그만둔다 … 52
20 힘들어진 후에야 인격이 드러난다 … 54
21 은혜는 복을 불러온다 … 56
22 그 자리에 있지 않으면 일을 도모하지 말라 … 58
23 잘못이 있으면 과감하게 인정하고 고쳐라 … 60
24 달팽이 뿔 위에서 왜 싸우고 있나 … 62
25 의심받을 짓은 아예 하지도 마라 … 65
26 군자는 인해야 한다 … 68
27 하루 세 번 나를 반성하다 … 70
28 부끄러움을 가슴에 품고 앞으로 나아가라 … 72

2부 사람을 움직이는 기술

29 내 책임은 두텁게, 남의 책임은 엷게 … 76
30 바른 말도 때로는 피곤하다 … 78
31 이익에 따라 움직이면 원망이 많아진다 … 80
32 리더는 자기 공을 자랑하지 않는다 … 82
33 영리한 불신보다 미련한 신뢰가 필요하다 … 84
34 아랫사람에게 묻기를 부끄러워하지 않는다 … 86
35 대의명분을 챙겼는가 … 88
36 가까이 있는 사람을 기쁘게 만들어라 … 90
37 군자의 잘못은 일식, 월식과 같다 … 92
38 귀에 거슬리는 이야기를 귀 담아 들어라 … 95
39 베푼 일은 잊고 잘못한 일은 기억하라 … 98
40 높아지고 싶으면 남부터 높여라 … 100
41 어려움은 함께할 수 있지만 즐거움은 함께하기 어렵다 … 102

42 사람을 움직이는 것은 너그러움과 겸손함… 104
43 먼저 좋은 부하가 있는지 살펴라… 106
44 공을 이루었거든 뒤로 물러나라… 108
45 간언하되, 지혜롭게 하라… 110
46 자기 자신보다 부하의 힘을 믿어라… 113
47 선한 말 한마디의 위력… 116
48 부하의 몸을 내 몸과 같이… 118
49 인간관계에서 신의보다 중요한 게 무엇이랴… 120
50 너그러움은 지지자를 부르게 되어 있다… 123
51 남의 작은 흠까지 찾아내려는 사람… 126
52 내가 바라지 않는 것은 남에게도 하지 마라… 128
53 베풀고 또 베풀어라… 130
54 거기서 거기인데 무엇을 더 바라느냐… 132
55 남이 잘못을 지적해주면 기뻐하라… 135
56 나를 알아보는 이에게 목숨을 바친다… 138
57 어떤 이유에서건 사람이 먼저다… 140

이끌어가는 힘

58 성공한 리더가 되려면 조직부터 성공시켜야 한다… 144
59 물은 배를 띄우기도, 뒤집기도 한다… 146
60 임금 노릇하기 힘들다는 걸 아는 것만으로도… 148
61 내 몸을 닦은 후에 집을 가지런히 한다… 150
62 오로지 네 가지를 끊어라… 152
63 나보다 유능하지 못한 이에게 물어라… 154
64 잘 맡기면 편하다… 156

65 다 된 일은 논의하지 않는다 … 158
66 모두가 좋아하건 싫어하건 속단하지 마라 … 160
67 사람마다 눈높이가 다르다는 점을 기억하라 … 162
68 혼자보다는 둘, 둘보다는 셋 … 164
69 못난 리더를 만나면 부하의 노력이 사라진다 … 166
70 대인은 지름길을 가지 않는다 … 168
71 서두르다 발을 헛디딜 수 있다 … 170
72 리더가 원칙을 지켜야 조직이 바로 선다 … 172
73 소를 고를 때도 출신은 보지 않는데, 하물며 … 174
74 만물은 저절로 크지 않는다 … 176
75 성공한 리더 중에 팔랑귀는 없었다 … 178
76 훌륭한 리더는 부하가 만든다지만 … 181
77 아첨을 분간할 줄 아는가 … 184
78 시간의 가치를 새롭게 보다 … 186
79 백 년을 계획하려면 사람을 심어라 … 188
80 좋아하는 것일수록 받지 않는다 … 190
81 어진 이를 써도 조직이 위태한 이유 … 192
82 풀 위에 바람에 불면 반드시 눕는다 … 195
83 아무 일도 하지 않아야 최고의 리더다 … 198
84 도둑 세계에도 도가 있게 마련이다 … 200
85 조직을 갉아먹는 다섯 가지 좀벌레 … 202
86 다스림의 다섯 가지 원칙 … 204
87 한 사람 말만 들으면 반드시 전횡이 일어난다   206
88 나아가야 할 때와 물러나야 할 때를 아는 자 … 208

찾아보기 … 210

格治

1부

날마다 성장하는 삶

1

군자가 미워하는 것
君子亦有惡乎

子貢曰 君子亦有惡乎 子曰 有惡 惡稱人之惡者 惡居下流而
자공왈 군자역유오호 자왈 유오 오칭인지악자 오거하류이
訕上者 惡勇而無禮者 惡果敢而窒者 曰 賜也 亦有惡乎 惡
산상자 오용이무례자 오과감이질자 왈 사야 역유오호 오
徼以爲知者 惡不孫以爲勇者 惡訐以爲直者
요이위지자 오불손이위용자 오알이위직자

자공子貢이 여쭈었다. "군자도 미워하는 게 있습니까?" 공자께서 말씀하셨다. "미워하는 게 있지. 남의 나쁜 점을 들춰내는 것을 미워하고, 낮은 자리에 있으면서 윗사람을 비방하는 것을 미워하고, 용기는 있지만 무례한 것을 미워하고, 과감하지만 꽉 막힌 것을 미워한다." 이번엔 공자께서 물으셨다. "사賜(자공)야! 너도 미워하는 게 있느냐?" "저는 남의 생각을 알아내어 자기 생각처럼 내세우면서 지혜가 있다고 여기는 것을 미워하고, 불손한 것을 가지고 용감하다 여기는 것을 미워하고, 남의 비밀을 캐내 공격하면서 정직하다 여기는 것을 미워합니다."_《논어》 양화陽貨 편

정보화시대에 살면서 남의 일거수일투족을 일일이 찾아내 세상에 알리는 할 일 없는 사람들이 많다. 또 아랫사람으

로서 윗사람을 비방하며 사실이 아닌 말까지 지어내 사회를 어지럽히는 사람들도 있다.

예의가 결여된 용기는 진정한 용기라 볼 수 없다. 또한 소통 불능의 상황에서 과감하게 행동하는 것은 자칫 사회를 어지럽힐 수 있다.

동서고금을 막론하고 이렇게 인간이 평온한 삶을 영위하지 못한 채 갈등을 빚는 이유는 주로 권력과 명예와 재산을 다투려고 하는 데 있다. 국가 간 이해득실을 따져 억지 주장을 펼치거나 개인적인 욕심을 내세워 혼란을 가중시키는 이런 문제는 시대가 달라진다고 해도 여전히 존재할 것이다.

매일 스스로에게 묻자. 오늘 하루 남의 나쁜 점을 들춰내진 않았는가? 윗사람을 험담했는가? 무례함과 용감함을 착각하진 않았는가? 융통성 없게 군 일이 있는가? 남의 아이디어를 은연중에 내 것처럼 포장했는가? 정직을 무기로 누군가에게 상처를 주진 않았는가?

2

꼭 많이 알아야 할 필요는 없다
吾少也賤 故多能鄙事

大宰問於 子貢曰 夫子聖者與 何其多能也 子貢曰 固天縱之將
태재문어 자공왈 부자성자여 하기다능야 자공왈 고천종지장
聖 又多能也 子聞之曰 大宰知我乎 吾少也賤 故多能鄙事
성 우다능야 자문지왈 대재지아호 오소야천 고다능비사
君子多乎哉 不多也 牢曰 子云 吾不試 故藝
군자다호재 부다야 노왈 자운 오불시 고예

태재大宰가 자공에게 말했다. "선생님께서는 성인이십니까? 어찌 그렇게도 다능하십니까?" 자공이 말했다. "본시 하늘이 그분을 한량없는 성인으로 삼고자 하셨으니 그래서 다능하신 겁니다." 공자께서 태재와 자공이 나눈 이야기를 듣고 말씀하셨다. "태재가 나를 알아본 것일까? 나는 젊어서 빈천했기 때문에 천한 일도 많이 할 줄 아는 것이다. 군자는 다능해야 할까? 다능하지 않은 법이다." 제자인 노牢도 "선생님께서 말씀하시기를 '나는 등용되지 않았기 때문에 재주가 많다'고 하셨다"라고 말한 적이 있다. _《논어》 자한子罕 편

'반드시 많이 알아서 군자가 되는 것은 아니다'라는 말씀은 우리에게도 시사하는 바가 매우 크다. 비록 어려운 상황에 놓여 고생했더라도 많은 경험을 토대로 훗날 큰 지도자

로 성장한 사례가 인류 역사에는 허다하다. 그래서 선인들은 "젊어서 고생은 사서도 한다"라고 했던 것 같다.

좋은 지도자가 되기 위해 많이 배워 지식을 늘리는 것도 어떤 면에서는 필요한 일이다. 하지만 그보다 중요한 것은 '경험'이다. 젊은 시절 다양한 일을 하면서 온갖 경험을 한 사람에게는 사람과 사물을 바라보는 안목은 물론 다양한 스펙트럼의 사람들과 두루 소통할 수 있는 능력이 자연스레 몸에 배게 된다. 좀 더 넓은 시야와 큰 그릇을 가진 사람으로 성장하는 것이다.

리더로 나아가기 위해 학위를 따고 지식의 양을 늘리는 데 목숨 걸지 말자. 차라리 더 큰 세상에 뛰어들어 많은 사람들을 만나고 다양한 경험을 하라. 여행을 하건 장사를 하건 아르바이트를 하건 선택은 자유다. 직접 몸으로 부딪치며 삶에서 길어올린 지혜에는 돈으로 살 수 없을 만큼 큰 값어치가 있음을 기억하라.

나만의 역할은 무엇인가
觚不觚 觚哉 觚哉

子曰 觚不觚* 觚哉 觚哉
자 왈 고 불 고 고 재 고 재

공자께서 말씀하셨다. "고(모가 난 술잔)에 고(모)가 없으면 그것이 고라 할 수 있겠느냐? 고라 할 수 있겠느냐?" _《논어》 옹야雍也 편

원래 고觚는 옛날 중국에서 예식에 쓰던 것으로, 은殷나라 때부터 쓰던 청동제 술잔이라는 기록이 있다. 다산茶山 정약용丁若鏞은 "주량을 줄여서 술을 마시기 위해서 술잔을 모나게 만들었다"고 주장하기도 했는데, 사실 왜 술잔을 모서리가 있게 만들었는지에 대해서는 정확하게 알려진 바가 없다. 그 술잔이 어느 때부터인가 모서리가 없어지고 둥글게 만들어졌는데도 계속 고라 불렸다는 것이다. 이를 두고 공자가 '모서리가 없는 술잔을 모서리 있는 술잔인 고라 부르면 되겠느냐'라고 지적한 것이다.

공자는 제齊나라 군주 경공景公과의 문답에서 정명론正名論의 대표적인 문구 '군군신신부부자자君君臣臣父父子子'를 가르쳤고, 전국시대의 장자莊子는 "임금이 임금의 도를 잃으면 임금이 아니고, 신하가 신하의 직을 잃으면 신하의 자리가 빈다"라고 갈파했다. 또 북송北宋의 유학자 범조우范祖禹는 "사람은 어질지 못하면 사람이 아니고, 나라가 다스려지지 않으면 나라가 아니다"라고 이 말을 풀이했다.

이름과 실제가 일치하지 못하면, 그 이름은 이미 기능을 상실한 것과 같다. 나라를 다스리는 데 군주가 군주답지 못하면 신하도 갈피를 잡지 못하고, 아비가 아비 노릇을 제대로 하지 못하면 아들은 아들로서 제 역할을 하지 못한다는 뜻이다. 어느 사회나 각자 맡은 바 역할을 제대로 수행할 때 가장 효율적으로 발전한다. 그렇지 못하면 늘 불안과 혼란이 이어질 수밖에 없다.

현재 자신이 맡고 있는 역할이 무엇인지 상기해보자. 리더이면서 부하의 일을 하고 있진 않은가? 가장이면서 책임을 소홀히 하진 않았는가? 친구이면서 멘토가 되려 하진 않았나?

---

*觚不觚에서 앞의 觚는 '모가 난 술잔'을 뜻하고, 뒤의 觚는 '능각稜角', 즉 '모가 난 것'을 말한다.

4

입은 재앙의 문, 혀는 몸을 자르는 칼
口禍之門

口是禍之門 舌是斬身刀 閉口深藏舌 安身處處牢
구시화지문 설시참신도 폐구심장설 안신처처뢰

"입은 재앙의 문이요, 혀는 몸을 자르는 칼이다. 입을 다물고 혀를 깊숙이 감추면 어디에 살든 몸이 편하리라." _당唐나라 풍도馮道의 설시舌詩 중에서

풍도는 당나라 말기에 태어나 5대 10국 시대(당나라가 멸망한 후 송宋나라가 건국되기까지)에 약 53년간 다섯 왕조, 여덟 성, 열한 명의 군주를 섬긴 정치인이자 시인이었다. 역사적으로 보아 난세 중 난세였던 당시, 소위 입신출세立身出世하면서 73세까지 살았던 그는 그야말로 처세의 달인이었다. 물론 그의 처세술에 이의를 다는 사람도 꽤 있지만, 그가 오늘날 우리에게 교훈을 줄 인물이라는 점만큼은 틀림없다고 본다.

우리나라는 정치인을 비롯해 유명인사들의 설화舌禍로 온 나라가 들끓는 일이 잦다. 요즘은 모든 대화가 남모르게 녹

음되거나, 보도자료로 남는다. 게다가 그러한 정보가 엄청난 속도로 전파되기 때문에 수습할 시간이 거의 없다. 결과적으로 글보다 그러한 왜곡되기 쉬운 자료들의 영향력이 오히려 더 커졌다고 볼 수 있다.

입바른 소리를 하더라도 부디 입조심 하자. 말 한마디로 남에게 치명상을 줄 수도 있지만, 내가 뱉은 말이 부메랑처럼 돌아오는 일도 분명 있다. 현명한 리더일수록 말을 아끼는 법이다. 풍도의 경고를 마음에 새겨야 할 때다.

5

첫 발을 내딛는 힘, 계속 나아가는 힘
未成一簣 止 吾止也 雖覆一簣 進 吾往也

子曰 譬如爲山 未成一簣 止 吾止也 譬如平地 雖覆一簣 進 吾往也
자왈 비여위산 미성일궤 지 오지야 비여평지 수복일궤 진 오왕야

공자께서 말씀하셨다. "비유하건대 흙을 쌓아 산을 만들어가다 한 삼태기가 모자라는 데서 멈추었다 해도 내가 멈춘 것이며, 비유하건대 흙을 퍼부어 움푹한 곳을 메워가려고 할 때 한 삼태기의 흙을 부어서 진전되었다면 나 자신이 발전한 것이다."_《논어》 자한편

공들여 쌓아온 탑을 완성 일보 직전에 그만두었다고 하자. 이는 결국 탑을 완성하지 못했다는 사실, 그 이상도 이하도 아니다. 지금껏 쏟은 노력이 모두 물거품이 되는 것이다. 하지만 미미한 시작이라도 한 발자국이나마 내딛는다면, 그것은 성공을 위해 진일보한 것이나 다름없다. 사업도 학업도 모두 마찬가지 아닐까?

시도하지 않는 것도 문제지만, 시도했다가 중도에 멈추는 건 더 큰 손실이 아닐 수 없다. 이 세상에 어느 일도 시작 없는 결과란 있을 수 없다. 용기를 내어 시작하고, 시작했으면 끝을 보아야 진정한 리더라 할 수 있다.

《순자荀子》 권학勸學 편에도 "어떤 모양이나 글자를 새기면서 멈추지 않고 꾸준히 노력하면 쇠붙이나 돌에라도 뜻한 바를 새겨 넣을 수 있다鍥而不舍 金石可鏤"란 표현이 보인다. 시작을 두려워하지 말고 밀고 나아가자. 기왕 시작했으면 결코 중도에 포기하지 말자.

용기를 가지고 도전하는 사람, 칼을 뽑았으면 무라도 썰 때까지 나아가는 사람. 소심하고 인내심 없는 이들이 점점 많아지는 요즘, 이런 추진력 있는 사람이 더욱더 아쉽다.

6

자신의 부족함을
알고 있는가
吾斯之未能信

子使漆雕開仕 對曰 吾斯之未能信 子說
자 사 칠 조 개 사 대 왈 오 사 지 미 능 신 자 열

공자께서 (제자인) 칠조개漆雕開로 하여금 벼슬을 하게 하셨는데, 칠조개는 "저는 아직 이것에 대해서 자신이 없습니다"라고 대답했다. 이에 공자께서는 기뻐하셨다. _《논어》 공야장公冶長 편

季氏使閔子騫爲費宰 閔子騫曰 善爲我辭焉 如有復我者 則吾 必在汶上矣
계 씨 사 민 자 건 위 비 재 민 자 건 왈 선 위 아 사 언 여 유 부 아 자 즉 오
필 재 문 상 의

계씨季氏가 민자건閔子騫을 비읍(중국의 옛 지명)의 지역책임자로 삼으려 하자, 민자건은 "저를 위해 그 말씀을 거두어주십시오! 만약 다시 그런 제안을 듣는다면 노魯나라를 떠나 제나라에 갈 것입니다"라며 사양했다. _《논어》 옹야 편

    조금만 배워도 벼슬길에 나서길 열망했던 많은 제자들과 달리, 칠조개는 공자 문하에서 학문에만 전념하던 성실한 제자였다. 스승의 가르침이 개인적 인격 완성에 있다는 사

실을 누구보다 잘 알고 있던 칠조개는 벼슬에 별 관심이 없었다. 공자는 기뻤다. 다른 제자들이 인격 완성에 이르기도 전에 벼슬을 바라는 모습이 마땅치 않았기 때문이다. 이런 제자는 또 있었다.

중국의 산둥 성에 가면 지금도 '비費'라는 지역의 명칭이 그대로 남아 있다. 공자의 제자였던 민자건은 당시 실권자 계씨가 자신을 그 지역 책임자로 삼으려는 것을 알고 사양했다. 재차 권하면 이웃 제나라로 떠날 것이라고까지 했다. 학문에 전념하고 싶었던데다, 의롭지 않은 대부大夫 계씨의 부하가 되기 싫었기 때문이다.

최근 정치에 뜻을 두고 널리 자기 이름을 알리려는 사람들을 볼 때마다 자신의 부족함을 알고 전문 분야에 매진했던 칠조개와 민자건의 모습이 떠오른다. 실력을 쌓기도 전에 어떻게 해서든 한 자리라도 차지하려 혈안이 된 사람들이 이들을 보면 대체 무슨 생각을 할까.

7

세상은 큰일에 매달린 이에게 관대하다
無欲速 無見小利

子夏爲莒父宰 問政 子曰 無欲速 無見小利 欲速則 不達 見小利則 大事不成
자하위거보재 문정 자왈 무욕속 무견소리 욕속즉 부달 견소리즉 대사불성

(공자의 제자인) 자하子夏가 한 지역의 책임자가 된 후, 어떻게 하면 정치를 잘할 수 있는지 여쭈었다. 공자께서는 "서두르지 말고, 작은 이익을 보려 하지 마라. 서두르면 달성할 수 없고, 작은 이익에 집착하면 큰일을 이룩할 수 없다"고 하셨다. _〈논어〉 자로子路 편

세상은 큰일을 하는 사람들에게 관대하다. 이들이 작고 사사로운 일에 소홀한 것을 두고 탓하지 않는다. 오히려 그러한 행동을 칭찬하면서 그에게 인간적인 친근함을 느낀다.

반면 지도자가 임기 중 업적을 지나치게 의식해서 서두르거나, 작은 이익에 집착하다 보면 정작 해야 할 큰일을 하지 못해 나쁜 평가를 받을 수 있다. 그래서 오늘날 우리 정치지

도자나 기업의 CEO에게 우공이산愚公移山이나 마저작침磨杵作針의 교훈이 필요한 것인지도 모른다.

한漢나라 때 경학자經學者인 유향劉向이 쓴《설원說苑》(중국의 교훈적 설화집)에는 작은 이익에 집착하지 않고 큰 업적을 이룩했던 지도자들에 관한 이야기가 담겨 있다. 제나라 군주가 되기 전, 강태공姜太公은 농사를 짓기 위해 꾸어 온 종자種子 값과 고기를 잡기 위해 빌린 그물 값조차 갚을 길이 없었다. 그러나 그가 주周나라 무왕武王을 도와 천하를 다스릴 때에는 그 지혜가 남아돌 정도였다고 전해진다.

이외에도 작은 일에 젬병이던 위인은 한두 명이 아니다. 진晉나라 제후 문공文公은 모를 심는 대신 쌀을 뿌려 심었고, 공자의 제자인 증자曾子는 양羊을 타고 다니려 했다고 한다.

이 황당한 이야기들을 듣고 이들을 비웃는 사람은 아무도 없다. 천하를 이롭게 하는 큰일에 매달리느라 놀라운 집중력을 보이는 위인들 앞에서 대체 무슨 실수를 지적할 수 있단 말인가.

하늘에 죄를 지으면
빌 곳조차 없어진다
獲罪於天 無所禱也

王孫賈問曰 與其媚於奧 寧媚於竈 何謂也 子曰 不然 獲罪於天
왕손가문왈 여기미어오 영미어조 하위야 자왈 불연 획죄어천
無所禱也
무소도야

왕손가王孫賈가 물었다. "안방의 신에게 잘 보이기보다는 차라리 부엌의 신에게 잘 보인다는 말은 무슨 뜻입니까?" 공자께서 말씀하셨다. "그렇지 않다. 하늘에 죄를 지으면 빌 곳조차 없게 된다." _《논어》 팔일八佾 편

 무도한 위衛나라 영공靈公이 나라를 망치지 못하도록 하는 데 중요한 역할을 담당했던 실력자 왕손가. 그는 영공과 정치에 대해 이야기를 나눌 예정이던 공자에게 높은 자리에 있는 제후보다는 실력자인 자기에게 접근하는 게 실리 면에서 낫지 않겠느냐는 이야기를 넌지시 던지며 공자를 희롱하고 있다. 그의 말에서 '안방의 신'은 권위의 상징인 임금 영공을 뜻하고, '부엌의 신'은 막강한 실세로 영공을 보좌하고

있는 왕손가 자신을 가리킨다. 아마도 왕손가는 공자가 벼슬자리를 구하기 위해 영공을 만나려 한다고 오해했는지도 모른다.

그러나 공자는 단호하게 그의 접근을 잘라버린다. 공자가 상대하고자 한 사람은 무도한 임금이기는 하나, 어쨌든 영공이었다. 어떻게 해서든 그를 잘 인도하여 왕도정치를 구현하려 했던 공자의 꿈은 결국 실현되지 못했지만, 공자는 이때 후세에 길이 남을 '정도 정치'의 표본을 멋지게 보여준다. 단칼에 왕손가의 제의를 거절한 모습에서 숙연함마저 느껴진다.

개인적 욕심에 급급한 나머지 정면 승부를 하기보다 무슨 수를 써서든 실력자에게 줄을 대려는 이들이 어디 한둘이던가. 오늘날에는 이런 행동조차 '정치'라는 말로 뭉뚱그려져 마치 생존의 필수조건인 양 간주되기 일쑤다. 그렇게 해서 얻은 자리는 그저 언제 없어질지 모르는 가시방석에 불과한데도 말이다.

정도에서 벗어나면 화를 부른다
花看半開 酒飮微醉

花看半開 酒飮微醉 此中大有佳趣 若至爛熳酕醄 便成惡境矣
화 간 반 개 주 음 미 취 차 중 대 유 가 취 약 지 난 만 모 도 변 성 악 경 의
履盈滿者 宜思之
이 영 만 자 의 사 지

꽃을 감상할 때는 반쯤 피어 있는 게 좋고, 술을 마실 때에는 얼큰할 정도가 좋다. 이런 가운데 (꽃 감상의) 아름다움과 (음주의) 멋이 있는 것이다. _《채근담菜根譚》

　온갖 좋은 것을 다 해본 사람, 많은 재산을 가졌거나 권력을 마음껏 누린 사람, 명예로운 자리에 오른 사람. 이런 사람들이야말로 이 말씀을 꼭 기억하며 살아야 한다.
　유독 활짝 핀 꽃을 좋아하는 이들이 있다. 덜 피어 있는 꽃은 성에 차지 않아서일까? 또 술을 마실 때 인사불성이 될 때까지 대취大醉하려는 사람들이 있다. 이들은 기뻐도 술, 슬퍼도 술, 모든 상황에 술을 절대로 빼놓지 않는다. 술을 호

탕하게 마셔야 한다고 생각한 나머지 주량 경쟁을 벌이듯 엄청나게 마시기도 한다. '술을 많이 마실 수 있어야 사나이답다'는 편견 때문이리라.

그러나 술은 담배, 커피와 같이 단지 기호품일 뿐이다. 세상에 누가 기호품을 가지고 인간을 평가하겠는가? 정도를 벗어나면 오히려 화를 부를 수 있음을 명심할 필요가 있다.

10

남이 나를 알아주지 않음을 신경 쓰지 마라
不患無位 患所以立

子曰 不患無位 患所以立 不患莫己知 求爲可知也
자왈 불환무위 환소이립 불환막기지 구위가지야

공자께서 말씀하셨다. "지위가 없음을 걱정하지 말고 입신하는 방법을 걱정할 것이며, 자기를 알아주지 않음을 걱정하지 말고, 알아주게 되도록 애써야 한다. _《논어》이인里仁 편

 멋지게 출세하여 남들의 인정을 받는 것. 이는 하루아침에 되는 일이 아니다. 그런데 충분한 준비를 하기도 전에 인정부터 먼저 받고 싶어하는 사람들이 있다. 준비되지 않은 도약은 당연히 사상누각沙上樓閣에 불과하며 결국 성장에 악영향을 미칠 뿐이다. 이에 대해 공자께서는 "군자는 자기의 무능함은 고민하지만, 남이 자기를 알아주지 않는 것은 고민하지 않는다君子病無能焉 不病人之不己知也"라는 말로 한 번 더 남의 인정에 신경 쓰기보다는 내실을 키울 것을 당부하

고 있다.

  남이 굳이 알아주지 않아도 뛰어난 사람은 낭중지추囊中之錐처럼 언젠가 스스로 빛나게 되어 있다. 먼저 실력을 기른 후에 입신을 도모해도 늦지 않다. 우리가 해야 할 일은 언젠가 찾아올 기회를 기다리며 좀 더 예리한 송곳이 되기 위해 자기 연마에 힘쓰는 것이다. 나 자신을 튼튼하게 준비하지 않은 상태에서는 기회가 찾아와도 그 기회의 무게에 짓눌려 시도조차 해보지 못하고 실패할 가능성이 크다는 점을 기억하자.

한낱 미물까지
귀히 여기는 마음
爲鼠常留飯 憐蛾不點燈

爲鼠常留飯 憐蛾不點燈 古人此等念頭 是吾人一點生生之機
위 서 상 류 반 연 아 부 점 등 고 인 차 등 염 두 시 오 인 일 점 생 생 지 기
無此便所謂土木形骸而已
무 차 변 소 위 토 목 형 해 이 이

집 주변에서 살아가는 쥐를 생각해서 주부는 늘 지은 밥(중 일부)을 남겨놓은 채 밥상을 들고 방으로 들어가고, 불나방을 불쌍히 여겨 (책을 읽으려는 선비는 어두워져도) 등에 불을 켜지 않는다. 옛사람의 이런 마음은 우리 인간을 나고 자라게 하는 한 가지 작용이다. 이러한 마음이 없다면 인간은 흙이나 나무와 같은 형체일 뿐이다. _《채근담》

　미국 월가에서 일기 시작한 금융자본의 탐욕과 이기적인 태도를 규탄하는 여론이 전 세계적으로 번진 바 있다. "인간은 정말 그렇게 냉혹하고 탐욕스러운 존재일까?" 하는 의문이 들 만큼 극소수 부자와 절대다수 빈자 간의 소득격차가 점점 벌어지고 있다. 이를 시정하지 않고서는 자본주의가 제대로 유지될 수 없다는 우려의 목소리가 높다.

나는 요새 여론의 뭇매를 맞고 있는 소위 '갑甲의 횡포'라는 말도 바로 이런 인간의 엄청난 탐욕과 이기심의 결과라고 본다. 모든 거래에서 갑의 위치에 있는 쪽은 잔인할 정도로 을乙을 막다른 골목까지 몰아붙인다. 사회적 약자라고 생각되는 을이 일방적으로 당하는 게 상례가 되었다.

《채근담》을 보면 옛 사람들은 인간뿐 아니라 주변에 사는 동물들까지 다정하게 보살폈다. 심지어 불나방 같은 미물微物마저 생각하는 따뜻한 마음을 가지고 있었다. 주변의 모든 사물과 함께 조화를 이루며 살아가려는 모습을 엿볼 수 있다.

넉넉한 자리에 있는 사람일수록 이런 자세를 배워야 하지 않을까? '네가 없으면 나도 없다'는 조화와 상생의 원리를 기억하며, 조금만 더 약자를 배려할 줄 알았으면 좋겠다.

12

물방울이 돌을 뚫고 새끼줄이 나무를 자른다
繩鋸木斷 水滴石穿

繩鋸木斷 水滴石穿 學道者 須加力索 水到渠成 瓜熟蒂落 得
승거목단 수적석천 학도자 수가력색 수도거성 과숙체락 득
道者一任天機
도자일임천기

노끈으로 톱질하여 나무가 잘리고, 물방울이 떨어져 돌을 뚫는다. 도를 배우는 사람은 힘써 구하기를 더할지니. 물이 모이면 개천을 이루고 오이가 익으면 꼭지가 떨어진다. 도를 얻으려는 사람은 모름지기 자연의 작용에 맡겨야 한다. _〈채근담〉

水非石之鑽 索非木之鋸 漸靡使之然也
수비석지찬 색비목지거 점미사지연야

물은 돌을 뚫을 수 없고 두레박줄은 나무를 벨 수 없지만, 조금씩 닳게 하여 돌을 뚫고 나무를 자를 수는 있다. _《한서漢書》

짚으로 꼰 새끼도 톱 삼아 오래 켜면 나무를 자를 수 있고, 똑똑 떨어지는 낙숫물도 돌에 구멍을 뚫는다. 사람도 그렇다. 천지자연의 진리대로 꾸준히 정진하면, 마침내 목적한

바를 달성할 수 있다.

송나라 때 나대경羅大經이 지은 《학림옥로鶴林玉露》에는 다음과 같은 고사가 실려 있다. 장괴애張乖崖라는 사람이 숭양현崇陽縣의 현령을 지낼 때 관아의 창고지기가 돈 한 푼을 훔친 사실이 발각되었다. 장괴애가 장형杖刑에 처하자 창고지기가 불복했다. 장괴애는 "비록 하루에 돈 한 푼일지라도 천 일이 되면 천 푼이 된다. 이는 마치 노끈으로도 오래 마찰하면 나무를 벨 수 있는 것과 같고, 물방울이 돌 위에 계속 떨어져 마침내 돌을 뚫는 것과 같은 이치다一日一錢 千日千錢 繩鋸木斷 水滴石穿"라고 말하고는 그를 처벌했다. 원래 이 말의 의미는 "바늘 도둑이 소 도둑 된다"라는 의미로 쓰였지만, 훗날에는 "노력하면 웬만한 일은 모두 이룰 수 있다"라는 교훈적인 이야기로 전해진다.

다소 답답해 보일 순 있어도 우직한 걸음으로 한 발, 한 발 묵묵히 나아가는 사람. 결국 세상은 이런 사람들이 이끌어가게 마련이다.

13

나의 잘못을 바로잡아주길 바라다
苟有過 人必知之

陳司敗問 昭公知禮乎 孔子曰 知禮 孔子退 揖巫馬期而進之
진사패문 소공지례호 공자왈 지례 공자퇴 읍무마기이진지
曰 吾聞君子不黨 君子亦黨乎 君取於吳 爲同姓 謂之吳孟子
왈 오문군자부당 군자역당호 군취어오 위동성 위지오맹자
君而知禮 孰不知禮 巫馬期以告 子曰 丘也幸 苟有過 人必知之
군이지례 숙부지례 무마기이고 자왈 구야행 구유과 인필지지

진나라 사패司敗(법무책임자)가 물었다. "(노나라 임금) 소공昭公은 예를 아는 사람입니까?" 공자께서 말씀하셨다. "예를 아는 사람이다." 공자께서 물러가시자, 사패가 (공자의 제자) 무마기巫馬期에게 읍揖하며 다가오게 하고는 물었다. "내가 듣기로는 군자는 누구의 편도 들지 않는다던데, 군자도 역시 편당적偏黨的입니까? 노魯나라 임금께서는 오吳나라에서 동성同姓인 부인을 취하고서는 그 부인을 오맹자吳孟子라 불렀습니다. 이러한 임금이 예를 안다고 하면 누군들 예를 모르겠습니까?" 무마기가 그 사실을 보고하니 공자께서 말씀하셨다. "나는 참 행복한 사람이다. 진실로 허물이 있으면 남이 반드시 알고 바로잡아주는구나!" _《논어》 술이述而 편

오나라는 주 왕조의 희성姬姓 중의 한 사람인 태백泰伯이 세운 나라로, 노나라와 같은 희성의 나라였다. 진나라 사패

는 소공이 같은 성의 오나라 여인과 결혼한 사실을 들어 그가 비난받을 만하다고 말하며, 공자가 소공의 잘못은 지적하지 않으면서 오히려 소공 편을 든다고 비판했다. 이에 공자는 자신의 잘못을 인정했다. 나아가 누군가가 자신의 잘못을 지적해준 것이 다행이라 말한다. 내 나라 임금의 잘못을 제대로 지적하지 못했던 고뇌에서 벗어나는 순간이었다.

내 잘못을 지적해주는 사람을 반갑게 받아들이는 이는 거의 없을 것이다. 대부분은 누가 자기를 비판하면 도리어 상대방 잘못을 찾아내어 역공을 펼치려 하거나, 상황을 모면하기 위한 변명을 일삼기에 바쁘다. 상대의 말을 가슴에 쌓아두고서 두고두고 상대를 원망하는 사람들도 있다. 우리 모두가 군자는 아니기에, 어쩌면 이런 것은 너무나 당연한 일일 것이다.

하지만 분통 터지는 가슴을 잠시만 누르고 내 잘못이 정말 확실한지부터 짚어보는 건 어떨까. 잘못을 지적해준 상대에 대한 미움은 어쩔 수 없다 하더라도, 내 잘못을 인정하고 고치려 노력하는 단계까지는 가볼 수 있어야 하지 않을까. 진정한 군자는 소인배와 다르게 행동하는 법이다.

14

세상에 스승 아닌 사람이 있으랴
三人行 必有我師焉

子曰 三人行 必有我師焉 擇其善者而從之 其不善者而改之
자왈 삼인행 필유아사언 택기선자이종지 기불선자이개지

공자께서 말씀하셨다. "세 사람이 길을 가더라도 그중 반드시 내 스승이 될 만한 사람이 있다. 그들 중 좋은 점을 가진 사람의 장점을 가려 이를 따르고, 좋지 않은 점을 가진 사람의 나쁜 점으로는 자신을 바로잡을 수 있기 때문이다." _《논어》 술이편

일반적으로 스승이라고 하면 대체로 나보다 훌륭한 사람을 떠올리기 쉽지만, 훌륭하지 않은 사람도 모두 내 스승이 될 수 있다는 말씀이다. 반면교사反面敎師를 이미 2,500년 전에 적시한 명쾌한 말씀이 아닌가 싶다.

춘추시대에 태어난 공자와 노자老子는 당시의 혼란한 사회를 바로잡고자 각자 노력했는데, 공자가 인간성의 회복에서 그 실마리를 찾으려 했다면 노자는 이와 대조적으로 자

연의 운행법칙인 무위無爲를 실천함으로써 유가의 지도 이념인 강제성 내지는 인위적인 지도 이념을 바로잡으려 했다. 이렇게 접근방법이 서로 달랐던 노자도《도덕경道德經》 27장에서 "선한 사람은 선하지 않은 사람의 스승이요, 선하지 않은 사람은 선한 사람의 거울善人者 不善人之師 不善人者 善人之資"이라는 말로 이 부분에서만큼은 공자와 같은 의견을 피력했다.

우리가 하루에 하는 말의 절반 이상은 남을 욕하는 것일 때가 많다. 지금부터는 '그 사람의 저런 나쁜 점은 절대 닮지 말아야겠다'라는 식으로 말의 방향, 생각의 방향을 조금씩 바꿔보면 어떨까. 모르긴 몰라도 세상사람 대부분이 나의 반면교사로 보일 것이다.

15 의롭지 않은 부귀는 탐내지 않는다
不義而富且貴 於我如浮雲

子曰 飯疏食飲水 曲肱而枕之 樂亦在其中矣 不義而富且貴
자왈 반소사음수 곡굉이침지 낙역재기중의 불의이부차귀

於我如浮雲
어아여부운

공자께서 말씀하셨다. "거친 밥을 먹고 물을 마시고 팔을 굽혀 베개 삼고 살아도 즐거움이 그 가운데 있다. 의롭지 않으면서 부귀해지는 것은 나에게 뜬구름과 같다."_《논어》술이편

그저 평범한 식사를 하고 물 한 모금 마시는 검소한 삶. 이렇게 살아도 즐거움을 느낄 수 있다니, 보통사람들이 닿기 어려운 경지라 하겠다. 무릇 리더라면 이런 안빈낙도安貧樂道의 생활철학을 가지고 있어야 하지 않을까? 무릇 지도자라면 이러한 마음을 가져야 하지 않을까?《논어》옹야 편에도 "부귀는 누구나 탐내는 것이지만, 정도正道로써 얻은 것이 아니면 누리지 말아야 한다富與貴 是人之所欲也 不以其道得之 不

處也"라고 나와 있다.

의롭지 않은 부귀를 추구하다 엄청난 곤경에 빠지는 많은 사람들을 보면서 안타까운 마음을 금할 길이 없을 때가 많다. 남들이 다 쳐다볼 수 있는 위치에 있는 사람일수록 그 처신이 바르지 않으면 안 되는데, 의롭지 않은 부귀를 탐내다 지금까지 쌓아온 명성이 하루아침에 땅에 떨어지고 범법자 신세를 면치 못하는 경우가 우리 사회에는 비일비재하다.

부귀를 싫어하는 사람은 별로 없다. 빈천貧賤보다 더 편하기 때문이다. 그러나 부귀를 얻는 방법이 정당하지 않으면 아무리 산더미 같은 재산도 결국에는 재앙으로 변하게 마련이다. 인류 역사를 몇 페이지만 넘겨봐도 알 수 있는 사실인데, 이를 자각하지 못하는 사람들이 점점 많아지고 있으니 참담할 따름이다.

16

바탕과 겉차림이 어울려야 군자다
文質彬彬

子曰 質勝文 則野 文勝質 則史 文質彬彬然後君子
자왈 질승문 즉야 문승질 즉사 문질빈빈연후군자

공자께서 말씀하셨다. "바탕이 겉차림보다 두드러지면 야해지고, 겉차림이 바탕보다 두드러지면 형식적인 것이 된다. 바탕과 겉차림이 잘 어울려야 군자." _《논어》옹야 편

棘子成曰 君子質而已矣 何以文爲 子貢曰 惜乎 夫子之說君
극 자 성 왈   군 자 질 이 이 의   하 이 문 위   자 공 왈   석 호   부 자 지 설 군

子與 駟不及舌* 文猶質也 質猶文也 虎豹之鞹 猶犬羊之鞹
자 여   사 불 급 설   문 유 질 야   질 유 문 야   호 표 지 곽   유 견 양 지 곽

(위魏나라의 대부) 극자성棘子成이 말했다. "군자는 본질만 갖추면 되는데, 무엇 때문에 문을 따지겠는가?" 자공이 (이 말을 전해 듣고) 말하기를 "애석하구나, 군자에 대한 그 사람의 설명이여! 네 마리가 끄는 마차도 혀를 따라잡지 못하는 것인데, 문이 질과 같으며 질이 문과 같은 것이다. 호랑이나 표범의 가죽에서 털을 뽑아버리면, 털을 뽑아버린 개나 양의 가죽과 무엇이 다르겠는가?" _《논어》안연 편

인仁, 의義, 충忠, 신信 같은 덕德이 '질質'이라면 예禮, 악樂

은 문文이 될 수 있다. 사람의 학문이나 교양이 질이라면 언言, 행行은 문이라 할 수 있다. 사람은 이런 실질적이고 기본적인 질과 함께 형식적으로 드러나는 문이 잘 갖추어져야 균형 잡힌 원만한 인격체가 된다고 할 수 있다. 여기서 문이란 '무늬紋'와 같은 의미로, 인간의 말과 행동 그리고 외모나 자태 등을 통해 그 사람을 대표하는 표현방식을 의미한다.

오늘날 질과 문을 어떻게 설명할 수 있을까? 이를테면 전문지식을 지나치게 중시하는 사람은 '질승문質勝文'에 해당한다. 전문지식보다 예의나 언행이 앞서는 사람은 '문승질文勝質'에 해당한다고 해도 지나치지 않을 것이다.

자신의 전공과목 관련 지식만 지나치게 강조하며 "나는 ○○ 전문가니까, 내 업무만 잘하면 되겠지. 다른 건 몰라도 돼"라고 생각한다면, 과연 그가 조직생활을 원만하게 해나갈 수 있을까? 반대로 자기 전문 분야에서는 별로 두각을 나타내지 못하면서 겉치레만 번듯하게 하고 다니면 과연 성공할 수 있을까?

---

*사駟는 글자모양 그대로 '네 마리가 끄는 수레', 즉 '마차'를 뜻한다. 당시 교통수단 중에는 가장 속도가 빠른 수단이 마차였다. 극자성이 한 "네 마리가 끄는 마차도 혀를 따라잡지 못하는 것"이란 말은 틀린 말이 사람들에게 빠른 속도로 전파되는 것을 의미한다.

바탕만 강조하는 사람은 회사의 전반적인 형편을 이해하는 데 부족한 점을 노출하여 리더 자리에 오르기가 쉽지 않다. 전체를 이해하고 관리하는 데 문제점이 노출될 수도 있기 때문이다. 문을 앞세우는 사람은 외화내빈外華內貧을 면키 어려워 역시 인정받기 쉽지 않다. 결국 문과 질이 어울리는 문질빈빈文質彬彬이야말로 성공의 첫걸음이라 하겠다.

총애와 치욕은 지극히 상대적인 것
餘桃之罪

餘桃之罪
여 도 지 죄

먹다 남은 복숭아를 군주에게 먹인 죄. _《한비자韓非子》 세난說難 편

중국 춘추시대 위나라에는 미자하彌子瑕라는 미소년이 살았다. 그는 군주인 영공의 총애를 받고 있었다. 어느 날 어머니가 몸져누웠다는 소식을 접한 미자하는 급한 마음에 거짓말로 군주의 수레를 급히 빌려 대궐을 나가 어머니에게 달려갔다. 당시 위나라는 군주의 수레를 몰래 타는 사람을, 발뒤꿈치를 자르는 월형刖刑으로 엄히 다스리고 있었다. 그런데 뒤에 이 사실을 알게 된 영공은 오히려 그를 칭찬했다.

"효자로구나! 어머니의 병고病苦 때문에 월형까지 잊었구나!"

그 후 미자하는 영공을 모시고 과수원에 놀러가게 됐다. 복숭아를 먹던 미자하가 그 맛에 감탄해 먹던 복숭아 반쪽을 군주에게 건넸다. 영공은 이번에도 "미자하가 나를 사랑하고 공경하는구나! 그 좋은 맛을 잊고 나를 먹여주는구나!"라고 했다.

그러나 세월이 흘러 미자하도 늙고 영공의 총애도 엷어졌다. 잘못을 덮어주고 사소한 일에도 미자하를 칭찬하던 군주의 마음도 변했다. 영공은 미자하를 문책할 일이 생기자 이렇게 말했다.

"이 자가 옛날에 거짓으로 꾸며 내 수레를 몰래 탄 일이 있고, 먹다 남은 복숭아를 나에게 먹인 적도 있다!"

과거에 칭찬받은 일이 지금은 비난받는 죄가 된 것이다.

노자의 《도덕경》 13장을 보면 "총애를 받거나 치욕을 당한 것을 깜짝 놀란 듯이 하고, 큰 환난을 귀하게 여기기를 내 몸과 같이 하라寵辱若驚 貴大患若身"라는 구절이 나온다. 사람들은 힘 있는 사람에게 총애를 받으면 뛸 듯이 기뻐하고 치욕을 당할 때는 한없이 슬퍼하는데, 총애와 치욕은 지극히 상대적인 것이어서 인위적인 가치 기준에 따라 결정되므로 항상 경계해야 한다는 것이다.

똑같은 언행도 시간이 흘러 평가하는 사람의 마음이 변하면 정반대의 결과를 낳을 수 있다. 리더의 총애든 비난이든 그것이 인간의 인위적이고 자의적인 판단에 불과하다는 것을 깨닫는다면, 좀 더 쉽게 내 본연의 일에 몰두할 수 있지 않을까?

지나침은 모자람과 같다
過猶不及

子貢問 師與商也 孰賢 子曰 師也過 商也不及 曰 然則師愈與
자공문 사여상야 숙현 자왈 사야과 상야불급 왈 연즉사유여

子曰 過猶不及
자왈 과유불급

자공이 여쭈었다. "사(자장子張)와 상(자하) 중에 누가 더 현명합니까?" 공자께서 말씀하셨다. "자장은 지나치고, 자하는 모자라지." "그렇다면 자장이 낫습니까?" 공자께서 말씀하셨다. "지나치는 것은 모자라는 것과 같다." _《논어》 선진先進 편

    외향적인 성격의 사람은 보통 긍정적인 사고를 가진 진취적인 인물로 평가받는다. 이런 사람들은 실제로 활동적인 일을 할 때 빛나며, 앞에 나서서 스포트라이트를 받기 쉽다. 한편 내성적인 성격의 사람은 수동적이고 소극적이라는 평가를 받기 쉽다. 이들이 두각을 나타낼 수 있는 분야가 분명히 있지만, 보통 이들은 차분하고 조용하게 일하는 편이어서 남

들 눈에 쉽게 띄지 않는다. 그래서인지 사람들은 외향적인 사람이 내성적인 사람보다 더 낫다고 평가할 때가 많다.

자장은 평소 생각보다 행동이 앞서 나가는 경향이 강했고, 자하는 매사 신중해서 좀처럼 앞으로 나아가는 모습을 보여주지 않았기 때문에 스승의 좋은 평가를 받지 못했다고 한다. 이에 따라 자공은 당연히 스승이 자장을 더 낫게 평가할 거라 여겼지만 공자는 '지나친 것은 모자란 것과 같다'는 말로 외향적인 성격의 자장을 에둘러 경계했다. 너무 외향적이어도, 너무 내성적이어도 많은 문제가 따라다닐 수 있기에, 중도가 필요하다는 사실을 강조한 것이다.

완벽한 중도를 지키며 살아가는 사람은 있을 수 없겠으나, 최소한 자신의 성격이 어떤지를 분명히 알고서 중도를 향해 나아가려는 노력을 할 수는 있을 것이다. 이는 개성을 버릴 것이냐 말 것이냐의 문제가 아니라, 좋은 태도를 갖느냐 마느냐의 문제이니 말이다.

힘이 부족한 자는
중도에 그만둔다
力不足者 中道而廢

冉求曰 非不說子之道 力不足也 子曰 力不足者 中道而廢
염구 왈 비불열자지도   역부족야   자왈   역부족자   중도이페

今女畫
금 여 획

염구冉求가 말씀드렸다. "선생님의 도를 기뻐하지 않는 것은 아니지만, 제가 학문을 계속하려니 힘이 모자랍니다." 공자께서 말씀하셨다. "힘이 모자라는 자는 중도에 그만두는 것인데, 지금 너는 금을 긋고 있구나!" _〈논어〉 옹야편

 공자는 제자들에게 학문을 계속하길 권했다. 그것도 억지로가 아니라 기쁜 마음으로 해야 한다고 했다. 그런데 염구는 스승에게 학문의 진도가 마음먹은 대로 되지 않으니 중도에 포기하고 빨리 다른 진로를 물색하고 싶다는 마음을 은근히 내보인다. 공자가 그 속이 보이지 않을 리 없다. 공자는 '더 할 수 있으면서 왜 안 된다고 하느냐. 스스로 자기 능력에 한계를 지으려는 것이냐'고 염구를 꾸짖는다.

무슨 일을 하든지 힘이 부족하면 중도에 그만두게 되어 있다. 여기서 힘이란 두말할 것도 없이 강력한 의지를 말한다. 공자는 평소 염구가 소극적인 성격에 실행력이 부족한 것을 잘 알고 있었기에, 이런 이야기로 학문을 중도에 포기하려는 그에게 일침을 가하고 있다. 물론 염구는 정말 힘에 부쳐 학문을 그만두고 싶었을 수도 있고, 평소 관심을 갖던 정치 쪽으로 나아가고 싶었는지도 모른다.

　하고 있는 공부든 진행 중인 일이든 마음의 준비 없이 시작하면 끝까지 버텨내기 어려울 때가 많고, 그 단계를 끝내지 못하면 다음 단계로 나아가도 결과가 좋지 못할 때가 많다. 전부 포기하고 싶을 때면, 다시 한 번 마음을 다잡고 의지를 되새김질하는 게 중요한 이유다.

20

힘들어진 후에야 인격이 드러난다
歲寒然後 知松柏之後彫也

子曰 歲寒然後 知松柏之後彫也
자왈 세한연후 지송백지후조야

공자께서 말씀하셨다. "계절이 추워진 후에야 소나무와 잣나무의 푸름을 알게 되었다"_《논어》자한 편

한여름에는 숲 속 나무들 사이에 큰 차이가 없다. 가을이 지나고 겨울이 오면서 그 차이가 확연히 드러나는데, 다른 나무의 경우 잎이 누렇게 되다 결국 하나둘 떨어지지만 소나무와 잣나무만큼은 추운 겨울이 돼도 결코 나뭇잎이 한꺼번에 떨어지지 않는다. 늘 푸른 잎으로 한결같은 자태를 유지하는 것이다. 공자는 소나무와 잣나무가 다른 나무들보다 한참 늦게 낙엽이 지는 것을 무척 강조했다. 소나무와 잣나무를 사람에 비유해, 변함없는 마음을 간직해야 한다고 이야기한 것이다.

조선조 후기 명필이자 금석학자金石學者인 추사秋史 김정희金正喜가 제주도에서 유배생활을 하던 시절이었다. 누구도 찾아주지 않는 외롭고 힘든 삶을 이어갈 때, 그의 제자였던 역관譯官 이상적李尙迪이 중국을 드나들며 각종 서적을 구해 숱한 위험을 무릅쓰면서 몰래 추사에게 전해주곤 했다. 진정한 인격은 상황이 어려워지고 난 후에야 밝혀지는 법인가 보다. 옛 스승에 대한 제자의 애틋한 사랑을 확인한 추사는 어느 날 자신을 찾아온 이상적을 위해 조그마한 그림 한 장을 건네게 되는데, 그 그림이 바로 유명한 세한도歲寒圖다. 그림에는 외딴 초가집 양옆에 소나무, 잣나무가 몇 그루 그려져 있다.

힘 있는 자리에 있을 때, 잘나갈 때는 누구나 머리를 조아리지만, 막상 갓끈이 떨어진 후에는 쳐다보지도 않는 게 세상 인심이다. '내게 이로움을 주는 사람이냐 아니냐'가 인간관계의 기준이 되게 마련인 것이다. 그래서일까. 《논어》이인 편에는 "군자는 의에 밝고, 소인은 이익에 밝다君子喩於義 小人喩於利"라는 말이 있다. 당신은 과연 군자인가, 소인인가.

21

은혜는 복을
불러온다

食馬肉 不飮酒者 殺人

秦穆公嘗出而亡其駿馬 自往求之 見人已殺其馬 方共食其肉
진 목 공 상 출 이 망 기 준 마　자 왕 구 지　견 인 이 살 기 마　방 공 식 기 육

穆公謂曰 是吾駿馬也 諸人皆懼而起 穆公曰 吾聞食駿馬肉
목 공 위 왈　시 오 준 마 야　제 인 개 구 이 기　목 공 왈　오 문 식 준 마 육

不飮酒者 殺人 卽以次飮之酒 殺馬者 皆慙而去
불 음 주 자　살 인　즉 이 차 음 지 주　살 마 자　개 참 이 거

진목공秦穆公이 한번은 밖에 나갔다가 그만 자신이 아끼는 준마가 도망쳐버리는 일을 당하고 말았다. 스스로 나서서 그 말이 도망간 곳을 찾아가 보았더니, 사람들이 그 말을 잡아 막 나누어 먹고 있었다. 목공이 이를 보고 "이것이 바로 내가 잃어버린 그 준마로다"라고 하자, 모두가 놀라 두려워하며 일어섰다. 그러자 목공이 "내가 듣기로 준마의 고기를 먹은 자는 술을 함께 먹지 않으면 사람을 죽이게 된다더라"라고 하면서 즉시 뒤따라 술을 마시도록 해주었다. 말을 죽인 자들은 모두 부끄러워하며 떠났다.

居三年 晉攻秦穆公 圍之 往時食馬肉者 相謂曰 可以出死補
거 삼 년　진 공 진 목 공　위 지　왕 시 식 마 육 자　상 위 왈　가 이 출 사 보

食馬得酒之恩矣 遂潰圍 穆公卒得而解難 勝晉獲惠公以歸
식 마 득 주 지 은 의　수 궤 위　목 공 졸 득 이 해 난　승 진 획 혜 공 이 귀

此德出而福反也
차 덕 출 이 복 반 야

그로부터 3년이 흐른 후, 이웃 진나라가 진목공을 공격하여 그는 포위를 당하

게 되었다. 이때 지난날 말을 잡아먹었던 사람들이 서로 상의하길 "가히 말을 잡아먹을 때 술까지 내려주었던 그 은혜에 죽음으로써 보답하러 나설 기회로다!" 하고, 나서서 진나라의 포위를 무너뜨려 주었다. 목공은 마침내 어려움을 풀었음은 물론 오히려 공격해온 혜공惠公을 사로잡아 귀국하게 되었다. 이는 바로 덕을 베풀어 복이 되돌아온 예이다. _《설원》 복은復恩 편

아끼는 준마를 잃어 상실감이 클 텐데도 술까지 내놓는 목공의 큰 배포와 관대함은 보통사람이라면 흉내조차 내기 힘들 정도다. 하지만 생각해보라. 죽은 준마가 다시 살아 돌아올 수도 없는 상황, 또한 상대는 일부러 잘못을 저지른 것도 아닌 상황이다. 목공은 아마 되돌릴 수 없는 일에 집착하기보다는 덕을 쌓는 게 낫겠다고 생각했을 것이다.

아니나 다를까, 그가 쌓은 공덕은 훗날 엄청난 효과를 거둔다. 덕분에 자신의 목숨은 물론 나라도 위기에서 건지게 된 것이다. 은혜를 베풀면 반드시 복이 되어 돌아온다. 이는 오늘날에도 분명 해당되는 진리다.

22

그 자리에 있지 않으면 일을 도모하지 말라
不在其位 不謀其政

子曰 不在其位 不謀其政
_{자왈 부재기위 불모기정}

공자께서 말씀하셨다. "그 자리에 있지 않으면 정사를 도모하지 않는다." _《논어》태백泰伯 편

君子素其位而行 不願乎其外 素富貴 行乎富貴 素貧賤 行乎貧賤
所夷狄 行乎夷狄 所患難 行乎患難 君子無入而不自得焉
在上位不陵下 在下位不援上 正己而不求於人 則無怨 上不
怨天 下不尤人 故君子居易而俟命 小人行險 而徼行 子曰 射
有似乎君子 失諸正鵠 反求諸其身

군자는 지금 있는 그 자리의 형편에 따라 행동하지만, 그 밖의 것은 원하지 않는다. 부귀에 처해서는 부귀한 처지에서 행하고, 빈천에 처해서는 빈천한 처지에서 행하고, 이적에 처해서는 이적의 처지에서 행하며, 환난에 처해서는 환난의 처지에서 행하니, 군자는 어디에 간들 스스로 얻지 아니함이 없다. 윗자리에 있으면서 아랫사람을 업신여기지 아니하며, 아랫자리에 있으면서 윗사람을 잡아당기지 아니한다. 자신을 바로잡고 남에게 구하지 아니하면 원

망함이 없을 것이니, 위로는 하늘을 원망하지 아니하며, 아래로는 다른 사람들을 탓하지 아니한다. 그러므로 군자는 평이하게 살면서 천명을 기다리지만 소인은 위험한 일을 하면서 요행을 기다린다. 공자께서 말씀하시길 "활쏘기는 군자와 비슷한 점이 있는데, 과녁을 꿰뚫지 못하면(정곡을 맞추지 못하면) 돌이켜 자신에게서 그 잘못을 찾는다."_《중용中庸》14장

 제 앞가림도 못하면서 "감 놔라 배추 놔라" 하는 사람들은 어딜 가나 꼭 있다. 내가 원래 맡았던 업무라 해도 지금 내게 주어진 업무가 아니라면 훈수 두는 일은 접어야 한다. 그것이 바로 본분에 충실한 채 세상을 바르게 살아가는 옛 군자의 태도였다. 아랫사람의 자리에 있으면서 윗사람의 업무에 간여해도 바람직하지 않고, 그 반대로 하는 것도 마찬가지로 문제가 될 수 있다. 수평적인 관계에서도 그렇다. 옆 사람 일에 지나치게 관심을 보이면 갈등이 일어나기 쉽다. 조직 내에서 불거지는 갈등 가운데 가장 흔한 것이 바로 업무 영역을 침범할 때 발생한다는 사실은 시사하는 바가 크다.

 니에게 주어신 일이 아니면 그 일에 대해 왈가왈부하지 말아야 한다. 남의 일에 참견할 여유가 어니 있는가? 내 일을 충실히 하기에도 시간이 모자란데 말이다. 우선 자기 할 일이나 제대로 해내자. 그 후에 훈수를 두어도 두란 것이다.

23

잘못이 있으면
과감하게 인정하고 고쳐라
過則不憚改

子曰 君子不重則不威 學則不固 主忠信 無友不如己者 過則
자왈 군자부중즉불위 학즉불고 주충신 무우불여기자 과즉

不憚改
불탄개

공자께서 말씀하셨다 "군자는 중후하지 않으면 위엄이 없고, 배워도 견고하지 않게 된다. 충실함과 신뢰를 위주로 하고, (인仁의 측면에서) 자기만 못한 자를 벗하지 말 것이다. 잘못이 있을 때는 고치는 것을 꺼리지 말아야 한다."

_《논어》학이學而 편

사람은 누구나 잘못을 감추고 싶은 마음이 먼저 작용하기 때문에, 쉽게 잘못을 인정하지 못한다. 자연히 잘못을 고치는 것도 꺼리곤 한다.

그러나 일단 잘못을 깨닫고 고치는 데까지 닿을 수만 있다면, 오히려 전화위복의 계기가 마련될 수도 있다. 잘못을 솔직하게 인정하는 행위는 그 사람의 정직성을 드러낼뿐더러, 잘못을 고친 사람은 오히려 다른 사람들의 칭송을 받을 수도 있기 때문이다.

일례로 부실회계가 있는 기업의 경우, 이를 계속 숨기기보다는 과감하게 그 사실을 만천하에 공개하고 정상화 계획을 발표하는 편이 훨씬 낫다. 이런 과정을 거쳐 일반 투자자는 물론 관계 금융기관을 비롯한 많은 이해 당사자들의 신뢰를 회복하여, 돈독한 기업 위상을 되찾은 사례는 수없이 많다. 하지만 잘못을 인정하지 않으면 결국 그 잘못을 덮기 위해 다른 잘못까지 저지르게 되면서 더 큰 파국을 맞을 수도 있다.

어차피 리더의 말과 행동은 조직원들의 따가운 감시 속에 언제나 노출되어 있을 수밖에 없다. 조직원들의 신뢰를 확보하려면 차라리 솔직해져라. 완전히 털어놓고 고치면 그만이다. 우리는 모두 인간이기에 어차피 실수를 한다. 이것을 이해해주지 못하는 조직원은 없다.

24

달팽이 뿔 위에서 왜 싸우고 있나
蝸牛角上之爭

石火光中 爭長競短 幾何光陰 蝸牛角上 較雌論雄 許大世界
석화공중 쟁장경단 기하광음 와우각상 교자논웅 허대세계
부싯돌 불빛 속에서 길고 짧음을 다투니 그 세월이 얼마나 길겠는가? 달팽이 뿔 위에서 자웅을 다투다니 그 세계가 얼마나 크겠는가? _〈채근담〉

이 이야기의 근원은 《장자莊子》 즉양則陽 편에 나온다.

옛날 전국시대 위혜왕魏惠王과 제위왕齊威王이 맹약을 맺었는데, 제위왕이 배반하자 위혜왕이 자객을 보내 그를 없애려고 했다. 이에 대신 중 공손연公孫衍과 계자季子가 전쟁을 놓고 찬반토론을 벌이고 화자華子가 양비론兩非論을 제기하자, 혜왕은 곤경에 빠지고 말았다. 이 말을 듣고서 재상이던 혜자惠子가 현인 대진인戴晉人을 혜왕과 만나게 했다. 대진인은 말했다. "임금님께서는 달팽이라는 것을 아십니까?"
"그렇소!" "그 달팽이 왼쪽 뿔에 나라가 있는데 촉씨觸氏라

하고, 오른쪽 뿔 위에 있는 나라는 만씨蠻氏라 했습니다. 때마침 두 나라가 서로 영토를 놓고 싸워 주검이 몇 만이나 될 만큼 즐비하게 됐고, 패군을 쫓아갔다가 십오 일이 지난 뒤에야 돌아왔답니다." 혜왕이 "아! 그건 거짓말이군요!" 하자, 대진인은 "그럼 제가 임금님을 위해 실제 사실을 예로 들어 말씀드리겠습니다. 임금님께선 이 사방 위아래의 우주 공간에 끝이 있다고 생각하십니까?" 하고 물었다. 혜왕이 "끝은 없는 거요"라고 하자, 대진인은 "그럼 정신을 무한한 공간에서 노닐게 하면서 이 유한한 땅을 돌이켜본다면, 이 나라 따위는 있을까 말까 한 하찮은 것 아니겠습니까!" 하고 답했다. 혜왕이 "그렇소" 하고 대답하자 대진인은 "유한한 이 땅에 위나라가 있고, 그 위나라 속에 양이라는 고을이 있으며, 양 속에 왕이 있습니다. 그렇다면 왕과 만씨 사이에 구별이 있습니까?" 하고 물었다. 혜왕은 "구별이 없소"라고 대답했다. 이윽고 대진인이 그곳을 물러나가자 혜왕은 얼이 빠진 듯 멍하니 생각에 잠겼다.

훗날 당나라 시인 백거이白居易도 그의 시 〈대주對酒〉에서 "달팽이 뿔 위에서 무엇 때문에 싸우는가? 부싯돌 번쩍하는 불빛 속에 이 몸을 맡긴 인생인데, 부유하든 가난하든 이 모두 기쁨이고 즐거움이 아닌가? 입을 열어 웃지 않으면 바보라네蝸牛角上爭何事 石火光中其此身 隨富隨貧此歡樂 不開口笑是癡人"라고 읊었다.

    유독 욕심 많은 사람을 볼 때마다 이 이야기를 들려주곤 한다. 이 무한한 우주에서 티끌만큼도 안 되는 우리가 서로 조금 더 많은 티끌을 갖겠다고 다투는 꼴이 어찌 우습지 않은가. 제발 모두 진정 좀 하고, 마음을 넓게 가졌으면 좋겠다.

25

의심받을 짓은 아예 하지도 마라
瓜田不納履 李下不整冠

君子防未然 不處嫌疑間 瓜田不納履 李下不整冠
군자방미연 불처혐의간 과전불납리 이하부정관

군자는 미리 방지하여 혐의받을 염려가 되는 곳에 있지 말 것이며, 오이밭에서 신을 고쳐 신지 않고, 오얏나무 아래서는 관을 고쳐 쓰지 않는다. _《문선文選》_
〈악부樂府〉군자행君子行

    전국시대에 제나라는 위왕이 즉위한 지 9년이 지났건만, 못된 신하 주파호周破胡 탓에 나라가 편안하지 못했다. 보다 못한 후궁 우희虞姬가 왕에게 "주파호는 뱃장이 검은 사람입니다. 이런 사람은 등용하지 않음이 옳습니다. 대신에 어질고 덕망 있는 북곽 선생北郭 先生을 부르십시오"라며 주파호의 횡포와 음흉함을 호소했다.

    이를 듣게 된 주파호는 거꾸로 '우희와 북곽 선생이 내통하는 사이'라며 우희를 모함했다. 왕은 우희를 9층 누각에 감금하고 직접 심문했다. 우희는 "옛날 춘추시대 유하혜柳下惠라는 정치인은 겨울밤에 추위에 떠는 여인을 자기 침상에 불러들여 몸을 녹이도록 했지만, 남녀 사이의 있을 수 있는 의심을 하는 자가 없었다고 합니다. 그의 평소 행동이 그만큼 단정했기 때문입니다. 저에게 죄가 있다면 '첫째 오이밭에서 신발을 고쳐 신지 않고 오얏나무 아래를 지나갈 때 관을 바로 하지 않는다'는 교훈을 지키지 않은 것이고, 둘째는 '평소에 사람들의 신뢰를 받지 못한 것'입니다"라고 했다. 우희의 말을 들은 왕은 그녀의 감금을 풀고 간신姦臣 주파호를 삶아 죽이는 팽형烹刑에 처한 후 제나라의 국정을 바로잡았다고 한다.

간신의 횡포에 과감하게 나선 후궁 우희의 충간忠諫과 위기를 뛰어넘은 재기가 돋보이는 이야기다. 과거에는 지금보다 더 정보가 부족하고 기술도 발달하지 않았으니 억울한 일을 당해도 증명할 방법이 요원했을 것이다. 이런 상황에서 최선의 대비책은 적절히 몸을 사리는 일뿐이었다.

모든 상황에 소극적으로 군다거나 남의 눈치를 지나치게 살펴선 안 되겠으나, 꼬투리가 잡힐 만한 상황, 특히 도덕적인 면에서 오해를 살 만한 행동은 반드시 삼가야 한다. 이는 특히 리더에게 꼭 필요한 지침이다. 이런 조심성이야말로 리더 개인을 위한 것이기 이전에 조직 전체의 안위를 위한 것이라는 점을 잊지 말아야 한다.

26
군자는 인해야 한다
造次必於是 顚沛必於是

子曰 富與貴 是人之所欲也 不以其道得之 不處也 貧與賤
자왈 부여귀 시인지소욕야 불이기도득지 불처야 빈여천

是人之所惡也 不以其道得之 不去也 君子去仁 惡乎成名
시인지소오야 불이기도득지 불거야 군자거인 오호성명

君子無終食之間違仁 造次必於是 顚沛必於是
군자무종식지간위인 조차필어시 전패필어시

공자께서 말씀하셨다. "부유함과 높은 지위는 사람들이 모두 원하는 바이지만 정당한 방법으로 얻지 아니하면 누리지 아니하며, 가난함과 지위가 없음은 사람들이 모두 싫어하는 바이지만 부당하게 이런 상황에 처하더라도 거부하지 않는다. 군자가 인을 버리면 어찌 이름을 이루겠는가? 군자는 밥을 먹는 동안이라도 인을 어김이 없어야 하며, 황급한 상황에서도 반드시 인해야 하고, 넘어지는 순간에도 반드시 인해야 한다." _《논어》 이인편

세상에 부귀를 싫어하는 사람은 없다. 그러나 부당한 방법으로 얻은 부귀는 취하지 않아야 한다. 반대로 빈천은 누구나 싫어하는 바이지만 비록 부당하게 다가온 것이라 해도 거부하지 말아야 한다. 참으로 실천하기 어렵겠지만 인을

버리면 군자가 될 수 없다.

공자는 군자란 황급한 순간에조차 인해야 한다고 당부한다. 부귀에 욕심이 생기는 순간, 굶주림이 극에 달하는 순간, 화가 치밀어 오르는 순간에도 인해야 한다고 말한다. 그만큼 절제와 참을성이 중요하다는 것인데, 오늘날 성공한 리더들을 살펴보면 그렇지 않은 사람이 드물긴 한 것 같다.

물론 어려운 일이다. 하지만 바로 그렇기 때문에 어떤 순간에라도 평범한 인간이 견딜 수 있는 한계를 참아내는 리더를 많은 사람들이 존경하는 것 아닐까.

27

하루 세 번 나를 반성하다
吾日三省吾身

曾子曰 吾日三省吾身 爲人謀而不忠乎 與朋友交而不信乎 傳
증자왈 오일삼성오신 위인모이불충호 여붕우교이불신호 전
不習乎
불습호

증자가 말했다. "나는 매일 나 자신을 세 번씩 반성한다. 남을 위해 일을 도모함에 있어 최선을 다했는가? 벗과 교우하는 데 신뢰를 잃을 짓은 하지 않았는가? 스승에게 배운 바를 실천하는 데 게으르지 않았는가?" _《논어》학이편

증자는 공자가 아끼던 제자 중 한 사람이었다. 그는 평소 공자로부터 노둔魯鈍하다는 평을 받던 사람이었지만, 훗날 후계자로 인정받아 공자학당을 물려받을 만큼 성실하고 인간관계도 좋았던 제자였다.

시대는 다르지만 지금도 여전히 성실성, 신뢰성 그리고 실천력은 리더가 가져야 할 중요한 덕목으로 꼽힌다. 자신이 어디에 속해 있든 맡은 일에 최선을 다하는 성실함, 즉 충忠

이 없다면 그 사람이 속한 조직의 발전은 기대하기 어렵다. 그 사람 개인의 장래도 보나마나다. 주변 사람들과 믿음을 바탕으로 인간관계를 유지하는 것도 중요하다. 신뢰받지 못하는 사람은 누구에게서든 지지를 얻기 어렵고, 설 자리마저 잃을 수 있다. 또《논어》의 시작이 바로 학습學習, 즉 배우고 익히는 것이라는 사실은 참 의미가 크다. 무언가를 배웠으면 이를 익히고 곧 실천에 옮겨야지만 개인과 조직 발전의 원동력이 될 것이다.

하루에 세 번씩 스스로를 되돌아보는 사람이 흔하진 않다. 하지만 자신이 무슨 잘못을 저지르고 있는지도 모르는 채 하루하루 살아가는 사람은 그저 "꿈은 이루어진다"라고만 외치는 몽상가에 불과하다. 당신은 몽상가인가, 실천가인가.

부끄러움을 가슴에 품고
앞으로 나아가라
捲土重來

勝敗兵家不可期 包羞忍恥是男兒 江東子弟多才俊 捲土重來
승 패 병 가 불 가 기   포 수 인 치 시 남 아   강 동 자 제 다 재 준   권 토 중 래

未可知
미 가 지

승패란 병가에게는 예측할 수 없는 일이다. 부끄러움을 가슴에 품고 참는 게 사나이다. 강동에는 재주 있는 젊은이들이 많으니, 흙먼지를 일으키며 다시 달려 나갔으면 어땠을까? _두목杜牧의 〈제오강정題烏江亭〉

　진시황秦始皇이 죽자 유방劉邦과 중원을 다투던 초패왕楚霸王 항우項羽는 패전을 거듭하던 어느 날 밤, 군영 사방에서 들려오는 고향노래를 듣고 이미 유방의 군대에 의해 자신이 포위당한 사실을 알게 된다四面楚歌. 그는 자결을 택해 천하를 유방에게 넘겨주고 만다. 훗날 오강정을 지나던 당나라 시인 두목은 당시 항우의 자결을 안타까워하는 마음에서 〈제오강정〉이라는 시를 지었다. '권토중래捲土重來'라는 말은 이 시

에서 나온 것이다.

  역사를 봐도 그렇고, 기업도 그렇고, 스포츠 현장을 봐도 그렇고, 언제나 승리하는 사람은 존재하지 않는다. 정작 중요한 것은 패한 이후다. 자신의 능력에 한계를 느끼고 그만두는 사람이 있는가 하면, 불요불굴不撓不屈의 정신으로 다시 일어서는 사람도 분명 존재한다. 시간이 이런 사람들의 편임은 물론이다.

格
治

2부

사람을 움직이는 기술

29
내 책임은 두텁게, 남의 책임은 엷게
躬自厚 而薄責於人 則遠怨矣

子曰 躬自厚 薄責於人 遠怨矣
자왈 궁자후 박책어인 원원의

공자께서 말씀하셨다. "스스로에게는 두텁게 책임을 추궁하되, 남에게는 엷게 그 책임을 묻는다면 원한을 멀리할 수 있다." _《논어》 위령공衛靈公 편

여기서 말하는 '스스로'란 리더를 의미한다. 일반인들은 그렇게까지 자기를 엄하게 다스릴 필요가 없다. 하지만 남을 이끌어야 하는 사람이 자신의 큰 실수에는 한없이 관대하면서 부하의 사소한 실수에는 엄격할 경우 결국 리더의 자격을 상실할 수밖에 없다.

흔히 사람들은 남에게는 엄중한 기준을 제시하는 반면 스스로의 잘못에는 관대해지는 경향이 있다. 단언컨대 이들에게는 리더의 자격이 없다. 자신의 잘못은 덮어둔 채 아랫사람의 잘못은 호되게 나무란다면, 그 누가 리더의 지휘를 수

용하겠는가?

　우리가 각종 선거에서 후보들에게 엄격한 잣대를 들이대는 것은 이와 같이 리더의 자격을 논하기 위함이다. 후보자는 물론 그의 자녀들까지 국방의 의무를 다했는가? 투기 목적으로 부동산을 취득하진 않았는가? 자녀들의 학군을 고려하여 위장 전입을 하지 않았는가? 납세의 의무는 성실하게 이행했는가? 털어서 먼지 하나 나오지 않는 사람이 어디 있겠느냐면서 사소한 잘못 하나 때문에 여론의 뭇매를 맞고 있다고 억울해하는 후보자는 선거에 나설 자격이 없다.

　정치인뿐 아니라 크고 작은 모든 조직의 리더들 역시 마찬가지다. 스스로에게 더욱더 엄격한 도덕적, 윤리적 잣대를 들이대야 할 것이다. 그렇게 할 자신이 없다면 애초 리더를 포기하고 평범한 사람으로 살아가면 된다.

바른 말도 때로는 피곤하다
事君數 斯辱矣

子遊曰 事君數 斯辱矣 朋友數 斯疏矣
자유왈 사군삭 사욕의 붕우삭 사소의

(공자의 제자인) 자유子遊가 말했다. "임금을 섬김에 있어 자주 옳은 소리를 하면 욕을 당하기 쉽고, 친구를 사귐에 있어서도 자주 옳은 소리를 하면 멀어질 수밖에 없다." _《논어》 자로 편

충언忠言에도 요령이 필요하다. 입바른 소리를 너무 자주 하다 보면 결국 결정적 이야기까지 가치 절하되는 경우가 있다. 《논어》에는 이와 비슷한 충고가 또 있다. 어느 날 공자의 제자인 자공이 공자에게 벗과 사귐에 대해 물었다. 그러자 공자는 "충고해서 잘 인도해주어야 하지만, 잘 되지 않으면 그만두어라. 충고로 인해 스스로 욕을 보지는 말아야 한다忠告而善道之 不可則止 毋自辱焉"라고 답한다.

물론 훌륭한 리더는 충언을 잘 받아들인다. 한나라 황제

유방이 그랬다. 그는 부하들의 충언을 잘 수용해 진시황 사후 어지럽던 중원中原에서 초楚나라 항우를 물리치고 천하를 차지했다. 개인적 역량으로 보자면 유방은 소위 역발산기개세力拔山氣蓋世의 항우보다 많이 모자란 처지였지만, 소하蕭何, 장량張良, 번쾌樊噲, 한신韓信 등 유능한 부하들의 충언을 잘 받아들여 소통하는 정치로 건곤일척乾坤一擲의 천하 싸움에서 성공을 거두었다.

그러나 아쉽게도 모든 리더가 유방과 같은 그릇을 가지고 있는 것은 아니다. 우리에게는 충언의 지혜가 반드시 필요하다. 바른 말이 지나쳐 리더를 피곤하게 만들면 그가 먼저 마음의 문을 닫게 마련이다. 공자가 여러 말씀을 통해 충언의 요령을 가르쳐주려 한 것도 이런 이유에서다.

전국시대 법가사상가인 한비자韓非子도 그의 저서 《한비자》 세난 편에서 역린逆鱗을 거론하며, 지나치게 군주의 심기를 건드리면 곧 죽음이 있을 뿐이라고 경고했다. 반드시 해야 할 충언만 가려 이들 결정적 타이밍에 던질 수 있는 눈치와 지혜가 필요하다.

31
이익에 따라 움직이면 원망이 많아진다
放於利而行 多怨

子曰 放於利而行 多怨
자 왈 방 어 리 이 행 다 원

공자께서 말씀하셨다. "이익에 따라서 행동하면 원망이 많아진다." _《논어》 이인 편

인간의 본성은 착한가, 아니면 악한가? 이 문제를 놓고 벌써 2,300여 년 전 맹자孟子와 순자荀子는 각각 성선설과 성악설을 주장했는데, 맹자보다 뒤에 살았던 순자는 맹자를 맹렬히 비난하면서 성악설을 강력하게 주장했다. 맹자를 문견잡박聞見雜博, 즉 '듣고 본 것이 잡되고도 넓기는 하다. 그러나 정통은 아니다'라고 그의 저서 《순자》 비십이자非十二子 편에서 몰아세웠다. 순자는 인간이 이익을 좋아하기 때문에 악하다고 보았지만, 교육을 통해 착한 인간으로 바뀔 수 있다고 생각했다.

《논어》에는 이익에 관한 얘기가 많이 나온다. 술이 편에도 공자가 "거친 밥 먹고, 물 마시고, 팔베개 베고 누웠어도 즐거움이 그 가운데 있구나. 의롭지 않은 부와 귀는 내게 뜬구름과 같다飯疏食飲水 曲肱而枕之 樂亦在其中矣 不義而富且貴 於我如浮雲"라고 한 말이 나온다.

노자도 《도덕경》에서 유무상생有無相生을 강조했다. 예를 들면 어떤 그릇의 기능有이 그 기능을 발휘할 수 있는 것은 그 가운데가 비어 있기無 때문이다. 가운데가 비어 있지 않으면 그릇의 기능을 할 수 없다는 것이다. 조직 안에서도 각자 내 몫만 먼저 챙기려고 하면 상생相生이 아니라 상극相剋이 될 것이고, 결국 파멸의 길을 걸을 게 뻔하다.

이익을 좇아 행동하다 보면 남의 정당한 이익까지 넘보게 되고, 결과적으로 인간관계가 깨질 수밖에 없다는 얘기다.

32

리더는 자기 공을 자랑하지 않는다
孟之反 不伐

子曰 孟之反 不伐 奔而殿 將入門 策其馬曰 非敢後也 馬不進也
_{자왈 맹지반 불벌 분이전 장입문 책기마왈 비감후야 마부진야}

공자께서 말씀하셨다. "노나라 장수 맹지반孟之反은 자랑하지 않는 사람이다. 패주하게 되자 뒤에서 온몸으로 적을 막고는 (본국의) 성문에 들어올 무렵에는 자기 말에 채찍질을 했다. 그러면서 '감히 후미後尾를 맡으려는 게 아니었는데, 다만 말이 달리지를 않았소'라고 말했다." _《논어》옹야편

전쟁 도중 전세가 불리해지면서 패주하게 될 때 가장 힘든 곳이 후미다. 적군의 공격을 방어하면서도 빠른 속도로 후퇴해 아군의 손실을 막아야 하기 때문이다.

맹지반은 그 어려운 역할을 성공적으로 완수하고 본국의 성으로 돌아왔다. 맨 뒤에서 들어오는 그를 보고 많은 사람들이 감탄했지만, 오히려 그는 "감히 후미를 맡을 자격이 되지 않는데도 말이 지쳐서 앞으로 달리지 못했기 때문에 뒤

처졌던 것"이라고 아무렇지 않게 말했다. 위기 상황을 극복한 후에도 자신을 낮출 줄 알았던 그는 진정한 겸손의 리더였다.

어쩌면 그는 겸손이 화禍를 면하게 해준다는 것을 알았는지도 모른다. 그는 어쨌든 패장이었으므로, 행실에 따라 얼마든지 사람들의 비난을 받을 수 있었으니 말이다.

노자 역시 《도덕경》에서 리더의 겸손을 강조했다. "천지자연은 장구하다天長地久. 천지자연이 장구할 수 있는 까닭은 그 자신을 살리려 하지 않기 때문이다. 그러므로 장생할 수 있다. 성인은 이러한 자연의 이치를 본받아 자신을 내세우지 않는다. 그러나 오히려 앞서게 되고 자신을 보존하게 되며 이로써 능히 자신을 완성하게 된다."

노자는 겸손함을 통해 나라를 부강하게 통치할 수 있다고 믿었다. 자연의 운행방식에 따라 통치하면 저절로 백성들이 순응하게 된다고 확신했다. 오만한 리더보다 겸손한 리더를 좋아하는 것은 인지상정이다. 그런데도 리더들은 어떻게 해서든 자신의 치적을 만천하에 드러내려고 애쓴다. 겸손의 위대한 힘을 자꾸 잊어버리는 것만 같다.

33

영리한 불신보다 미련한 신뢰가 필요하다
民無信不立

子貢問政 子曰 足食 足兵 民信之矣 子貢曰 必不得已而去
자공문정 자왈 족식 족병 민신지의 자공왈 필부득이이거
於斯三者 何先 曰 去兵 子貢曰 必不得已 於斯二者 何先 曰
어사삼자 하선 왈 거병 자공왈 필부득이 어사이자 하선 왈
去食 自古皆有死 民無信不立
거식 자고개유사 민무신불립

공자의 제자 중 거부巨富로 유명했던 자공이 공자께 어떻게 하면 정치를 잘할 수 있느냐고 물었다. 공자께서는 "먹을거리를 넉넉하게 하고, 군비를 충분하게 하고, 백성들이 믿도록 하는 것이다"라고 말씀하셨다. 자공이 다시 여쭈었다. "부득이하게 이 세 가지 중 하나를 버려야 할 경우, 어느 것을 먼저 포기하시겠습니까?" 공자께서 말씀하셨다. "군비를 포기해야지." 자공이 또 여쭈었다. "남은 두 가지 중 하나를 버려야 한다면 무엇을 먼저 포기하시겠습니까?" 이에 공자께서는 "먹을 것을 버려야지"라고 말씀하셨다. 백성들의 믿음이 없다면 나라 자체가 설 수 없다는 것이다. _《논어》 안연顏淵 편

공자는 국가 경영에 있어 구성원들의 신뢰가 얼마나 중요한지 계속해서 강조하고 있다. 국가뿐 아니라 어느 조직사회에서나 공자의 이 메시지는 진리로 통한다. 믿음 없는 조

직은 아무리 부유하고 강력하다 해도 모래성이나 마찬가지다. 굶주림의 고통에 휩싸이거나 외세에 의해 나라가 망하는 것은 일시적인 현상이지만, 신뢰를 잃는 것은 모든 것을 영원히 잃는 것과 마찬가지다.

신뢰를 강조하는 또 다른 고사로 미생지신尾生之信이 있다. 춘추시대 노나라에 살던 미생이란 사나이가 사랑하는 여인과 다리 아래에서 만나기로 약속했는데 여자가 오지 않았다. 그날 비가 엄청나게 쏟아졌고, 결국 미생은 다리 밑에서 끝까지 여인을 기다리다 다리 기둥을 껴안은 채 죽고 말았다고 한다. 전국시대에 들어서면서 장자를 비롯한 많은 사상가들이 미생의 이러한 신의를 쓸데없는 명분만 찾는 미련한 짓이라며 비난했다. 미생의 고향이 노나라임을 들어 공자를 싸잡아 매도하기도 했다. 그러나 서로를 믿지 못하는 오늘날의 조직문화에는 영리한 불신보다 미생이 보여준 미련할 정도의 신뢰가 필요한 것인지도 모른다.

34. 아랫사람에게 묻기를 부끄러워하지 않는다
不恥下問

子貢問曰 孔文子 何以謂之文也 子曰 敏而好學 不恥下問
자공문왈 공문자 하이위지문야 자왈 민이호학 불치하문
是以謂之文也
시이위지문야

자공이 여쭈었다. "공문자孔文子를 무엇 때문에 문文*이라 했습니까?" 공자께서 말씀하셨다. "민첩하면서 배우기를 좋아하고, 아랫사람에게 묻는 것을 부끄러워하지 않았다. 이 때문에 그를 문이라 한 것이다." _〈논어〉 공야장 편

공문자는 춘추시대 위나라의 대부였던 공어孔圉를 말하는데, 그의 평소 행실은 그리 칭송받지 못할 정도였다고 한다. 그는 태숙질太叔疾과 그의 본부인을 헤어지게 한 후 딸 공길孔姞을 태숙질에게 출가시켰다. 그러다 태숙질이 본부인의 여동생과 불륜을 저지르자 태숙질을 치려 했고, 송나라로 도망가자 태숙질의 아우인 유遺로 하여금 공길을 아내로 맞이하게 했다. 그럼에도 그가 시호諡號를 문文으로 받았으니,

좀 의외다 싶었던 자공이 질문을 한 것이었다.

사실 사회적 신분이 엄격하게 구분되고 그 신분의 변동이 거의 불가능했던 당시 여건으로서는 어지간한 사람이 아니면 자신이 모르는 것을 아랫사람에게 묻는다는 것이 지극히 힘든 일이었을 것이다. 그런 와중에도 공문자가 공자에게 그러한 평가를 받았다는 것은 그의 탐구정신이 무척 높았다는 사실을 보여준다.

나보다 나은 사람이 있으면 신분의 귀천貴賤이나 연령의 고하高下를 막론하고 모두 스승으로 삼는 것. 실천하기 쉬운 일은 아니지만, 치열한 경쟁에서 살아남아 나름의 성공을 일구어나가기 위해서는 꼭 필요한 자세가 아닐까 한다. 모르면서도 시치미 뚝 떼고 앉아 있는 권위적 리더보다는 누구에게든 허심탄회하게 묻기 좋아하는 리더가 더 인간답지 않은가.

---

*문文이란 신하가 세상을 떠난 후 임금께서 그 신하의 생전 업적을 평가해 내리는 시호를 일컫는다. 《일주서逸周書》, 《시법해諡法解》에는 이 시호를 붙일 수 있는 경우를 다섯 가지로 규정했는데, 첫 번째가 천지天地를 경우經緯하는 자, 두 번째가 도덕道德이 박후博厚한 자, 세 번째가 학문에 근면하고 묻는 것을 좋아하는 자, 네 번째가 자혜慈惠로우며 백성을 사랑하는 자, 다섯 번째가 백성에게 작위爵位를 수여한 자이다. 공문자는 세 번째에 해당한다 하겠다.

대의명분을 챙겼는가
以不敎民戰 是謂棄之

子曰 以不敎民戰 是謂棄之
자왈 이불교민전 시위기지

공자께서 말씀하셨다. "백성에게 전쟁의 의로움을 가르치지 않고 전쟁터로 내모는 것은 단지 그들을 버리는 것이다."_《논어》자로 편

　전쟁은 개인의 이익을 위해서가 아니라, 그 전쟁에 의로움이 있을 때 벌이는 것이다. 사사로운 이해관계 때문에 혹은 이웃 나라의 영토가 탐이 나서 벌이는 전쟁에는 대의명분大義名分이라는 게 있을 수 없다. 이런 상황에서 전쟁에 내몰리는 백성은 그 전쟁의 의로움을 전혀 느낄 수 없으니, 자연히 전투에서도 분발할 리가 없다. 결국 사기가 높지 않은 군대는 변변히 전투다운 전투 한 번 해보지 못하고 패배하거나 심할 경우 전멸을 면치 못하게 된다.

　비단 전쟁만이 아니라, 리더의 자리에 있으면 조직원에

게 희생을 종용해야만 하는 때가 종종 생긴다. 가장 힘든 경우는 조직원들에게 아무런 보상을 약속할 수 없으면서 기약 없이 희생해달라고 요청해야 할 때다.

이때 조직원들의 사기가 급속도로 저하될 것이라 생각하겠지만, 오히려 사기가 올라가는 경우도 상당히 많다. 바로 대의명분에 조직원 모두가 공감할 때 그렇다. 리더들은 조직원들이 자신의 이익에 따라서만 행동한다고 생각할지 모르지만, 그것은 순전히 착각에 불과하다. 사람들의 마음을 움직일 수 있는 대의명분만 있다면 조직은 생각보다 똘똘 뭉쳐 쉽게 일을 해결해나갈 것이다. 의외로 사람들은 인정이나 대의에 약하다. 원래 그렇다.

36
가까이 있는 사람을 기쁘게 만들어라
近者說 遠者來

葉公問政 子曰 近者說 遠者來
섭공문정 자왈 근자열 원자래

(초나라의 대부) 섭공葉公이 정치를 어떻게 하면 잘할 수 있는지 여쭈었다. 공자께서 말씀하셨다. "가까이 있는 사람을 기쁘게 해주고, 먼 데 있는 사람들을 찾아오게 한다."_《논어》자로 편

춘추전국시대에는 제후국 간의 국경이 분명치 않았다. 백성들은 아무런 제약 없이 이 나라 저 나라를 옮겨 다니며 살 수 있었다. 어떤 나라가 살기 좋다고 소문이 나면 쉽게 그 나라에 가서 살 수 있던 시절이었다. 국경선 개념이 희박해서 제후국 간 이동이 비교적 자유롭다 보니, 정치를 잘하는 제후국은 저절로 백성이 늘어나고 영토를 불릴 수 있었다.

그러나 제후국들은 어진 정치 대신, 전쟁을 통해 영토를 넓히고 백성의 숫자를 늘리려고만 했다. 《춘추좌씨전春秋左

氏傳》(공자가 편찬한 《춘추春秋》를 노나라 좌구명左丘明이 해석한 책)에도 다음과 같은 기록이 보인다. "제후들이 탐욕스럽게 되어 침략의 야욕은 거리낌 없어졌고, 작은 크기의 땅을 다투느라 백성들을 전쟁에 다 써버렸다爭尋常 以盡其民."

섭공의 관심사도 자연히 영토 확장과 백성을 늘리는 것에 초점이 맞춰져 있었다. 그런데 공자는 전쟁을 통해서가 아니라 나라 안에 있는 백성들을 기쁘게 하면 먼 데 있는 사람들까지 저절로 들어온다고 했다. 심지어 정치를 잘하면 이웃나라의 영토와 자원까지도 저절로 들어올 수 있어 일거양득一擧兩得, 아니 그 이상의 효과를 얻을 수 있다고 확신했다.

오늘날도 마찬가지다. 나라는 물론 기업 역시 외부에서 인재를 찾기보다 우선 안에 있는 인재들을 기쁘게 할 줄 알아야 한다. 그렇게 하면 멀리 있는 인재까지 저절로 몰려들게 마련이다. 내 사람들부터 챙기고 그들이 최대치의 능력을 낼 수 있도록 도와야 할 때다.

37

군자의 잘못은 일식, 월식과 같다
如日月之食

子貢曰 君子之過也 如日月之食*焉 過也 人皆見之 更也 人皆
자공왈 군자지과야 여일월지식 언 과야 인개견지 경야 인개
仰之
앙지

자공이 말했다. "군자의 잘못은 일식이나 월식과 같아서 사람들이 모두 보게 되지만, 이를 고치면 모두 우러러 보게 된다." _《논어》 자장子張 편

군자는 보통 사람들에게 존경의 대상이자 관찰의 대상이다. 따라서 하늘에 떠 있는 해와 달의 이상 현상, 즉 일식과 월식 등은 많은 사람들이 의도치 않아도 자연히 보게 되듯, 지도자가 저지른 잘못은 누구나 알게 되어 있다. 그러나 반대로 그 잘못을 고치면 이 역시 모든 사람들이 알아보고 그를 우러러보게 된다.

당태종唐太宗 이세민李世民이 근신들과 정치적인 문제를 논의한 것을 당현종唐顯宗 때 오긍吳兢이 항목을 분류하여 정

리한 책으로 치도治道의 요체를 기록한 《정관정요貞觀政要》 〈논문사論文史〉 제4장에도 이런 내용이 있다. 사관史官이자 간의대부諫議大夫였던 저수량褚遂良에게 당태종이 자신의 언행을 어떻게 기록했는지 궁금하다면서 보자고 요구했다. 저수량은 이것을 한마디로 거절하면서 이렇게 말했다. "폐하의 그릇된 언행도 모두 기록하기 때문에 보여드릴 수 없습니다. 기록이 두려우시다면 법에 어긋나는 일을 하지 않으시면 됩니다." 이 말을 들은 황문시랑黃門侍郎 유계劉洎가 아뢰었다. "임금에게 허물이 있으면 이는 마치 일식이나 월식과 같아 모든 백성들이 다 봅니다. 따라서 사관이 폐하의 과실을 기록하지 않아도 만백성이 모두 그 사실을 알고 있을 겁니다." 황제의 자리에 있던 당태종조차 자신의 언행을 기록한 내용을 보지 못했다.

   이는 조선왕조에서도 마찬가지였다. 왕조실록은 후세에 널리 알려질 자신의 언행에 대해 조심하지 않을 수 없는 하나의 장치 역할도 수행했다. 이를 생전에 보거나 멋대로 고친 임금은 없었다.

---

*이때 食은 蝕과 같은 뜻으로 사용되었다.

어떤 조직에서든 리더의 행동거지는 그 자체로 큰 화제가 되게 마련이다. 맡고 있는 자리가 높아질수록 자신의 모든 행동을 많은 이들이 지켜본다고 생각하라. 예민하게 받아들일 필요 없다. 그저 부끄럽지 않게 행동하되, 실수한 후엔 통 크게 인정할 줄 알면 충분하니 말이다.

38

귀에 거슬리는 이야기를
귀 담아 들어라
良藥苦口 忠言逆耳

良藥苦於口 而利於病 忠言逆於耳 而利於行
양 약 고 어 구 이 이 어 병 충 언 역 어 이 이 어 행

좋은 약은 입에 쓰지만 병 치료에는 이롭고, 충언은 귀에 거슬리지만 덕을 쌓는 데는 이롭다. _《공자가어孔子家語》 육본六 편_

이 말은 원래 사마천司馬遷의 《사기史記》〈유후세가留侯世家〉에 나오는 말이다. 진시황이 죽자 천하는 크게 동요하기 시작한다. 많은 사람들이 곳곳에서 진나라를 타도하고자 군사를 일으켰는데 그중 유방과 항우도 끼어 있었다. 그런데 유방이 항우보다 앞서 진나라의 도읍인 함양에 입성했다. 유방은 3세 황제 자영子嬰으로부터 항복을 받고 왕궁으로 들어갔다.

궁중에는 온갖 재보와 아름다운 궁녀들이 잔뜩 있었다. 유방은 마음이 동하여 그대로 궁중에 머물려고 했는데, 용

장 번쾌가 간했다. "아직 천하가 통일되지 않았습니다. 속히 이곳을 떠나 적당한 곳에 진을 치는 게 좋겠습니다." 그러나 유방이 충언을 듣지 않으려 하자 이번에는 장량이 간했다. "진나라가 무도하였기 때문에 패공沛公 같은 서민이 왕궁에 들어오실 수 있었습니다. 남은 임무는 천하를 위해 잔적을 소탕하고 민심을 안정시키는 것입니다. 그러기 위해서는 검소함이 바탕이 되어야 합니다. 그런데 보물과 미색에 현혹되어 진왕의 음락淫樂을 본받으려 하니 포악한 하夏나라의 걸왕桀王과 다를 바가 없습니다. 원래 충언은 귀에 거슬리나 행실에 이롭고忠言逆於耳 而利於行, 독한 약은 입에 쓰나 병에는 이롭다毒藥苦於口 而利於病고 하였습니다. 부디 번쾌의 간언을 들으시옵소서!" 이 말을 들은 유방은 불현듯 깨닫게 되어 왕궁을 물러나 패상霸上에 진을 쳤다.

정말 결정적인 순간에 윗사람에게 목숨을 걸고 간언할 수 있는 부하를 두고 있다면 그는 행복한 장수다. 직간直諫을 서슴지 않았던 번쾌도 대단한 참모였지만, 충언을 들으려 하지 않는 유방에게 재차 간언한 장량이야말로 진정 훌륭한 참모장이었다. 결국엔 부하들의 충언을 받아들인 유방 역시 천하의 주인이 될 만한 자격을 갖춘 리더가 분명하다.

상하 간의 소통이 원활한 조직이야말로 천하무적이다. 개인적 능력으로는 도저히 따라갈 수 없었을 항우를 물리치고 천하를 차지한 유방. 그는 소통 리더십의 탁월한 본보기였다. 유능한 참모도 중요하지만, 그 참모의 의견을 받아들일 줄 아는 리더의 그릇이야말로 우리가 반드시 닮아야 할 모습 아닐까?

베푼 일은 잊고 잘못한 일은 기억하라
功則不可念 過則不可不念

我有功於人不可念 而過則不可不念 人有恩於我不可忘 而怨
아유공어인불가념 이과즉불가불념 인유은어아불가망 이원
則不可不忘
즉불가불망

내가 남에게 베푼 공은 마음에 새겨두지 말아야 하고, 내가 남에게 저지른 잘못은 마음에 새겨두어야 한다. 남이 나에게 베푼 은혜는 잊어선 안 되고, 남이 내게 끼친 원망은 잊어버려야 한다. _(채근담)

내가 어떤 사람에게 은혜를 베풀 때 훗날의 보답을 기대한다면 이는 이미 은혜를 베푼 것이라 할 수 없다. 반대로 내가 남에게서 받은 은혜는 잊지 말고 평생토록 마음에 새겨두어야 하며, 남에게서 받은 서운함은 마음속에서 빨리 지워버리는 것이 좋다.

속담에도 '원수는 물에 새기고, 은혜는 돌에 새겨라'라는 말이 있다. 이는 부부간이나 부모·자식 간에도 예외 없이 해당된다. 가족 사이에도 지켜야 할 도리, 즉 예의가 존재한다는 것이다. 하물며 피 한 방울 섞이지 않은 타인과의 관계에서야 더 말할 필요도 없다.

그럼에도 인간의 마음 한 구석에는 이기적인 요소가 있어서 내가 조금이라도 남에게 베푼 공은 더 부풀려 생각하며 자만해지기 쉽고, 내가 저지른 잘못에 대해서는 스스로 관대하게 생각하며 별 것 아닌 일로 제쳐두곤 한다. 또한 남에게 받은 은혜는 쉽게 잊으면서도, 남에게서 받은 서운함은 오래도록 마음에 새겨두고 원망하게 된다.

물론 이런 태도는 보통 사람이라면 누구나 갖고 있는 것이다. 그러나 이런 평범한 경지를 벗어나야 진정한 리더의 면모를 갖출 수 있다. 리더로서 그에 걸맞은 인격을 가꾸어 나가고 싶다면 새겨들을 일이다.

40

높아지고 싶으면 남부터 높여라

賜之牆也 及肩 夫子之牆數仞

叔孫武叔語大夫於朝曰 子貢賢於仲尼 子服景伯以告子貢
숙손무숙어대부어조왈 자공현어중니 자복경백이고자공

子貢曰 譬之宮牆 賜之牆也 及肩 窺見室家之好 夫子之牆
자공왈 비지궁장 사지장야 급견 규견실가지호 부자지장

數仞 不得其門而入 不見宗廟之美 百官之富
수인 부득기문이입 불견종묘지미 백관지부

(노나라의 대부인) 숙손무숙叔孫武叔이 조정에서 다른 대부들에게 "자공이 그의 스승인 공자보다 낫다"고 말한 적이 있다. 자복경백子服景伯으로부터 이 말을 전해 들은 자공이 말했다. "궁실 담장에 비유하자면, 내 담장은 어깨에 미칠 정도여서 집안의 좋은 것들을 볼 수 있지만 스승님의 담장은 여러 길(사람 키의 단위)이어서 그 문을 열고 들어가지 못하면 종묘의 아름다움과 백관의 풍부함을 볼 수 없는 것과 같다." _《논어》자장편

성인聖人(여기서는 공자를 의미함)이 스스로를 자랑하지 않는다는 것을 모르고 함부로 떠든 숙손무숙의 천박함과, 자신을 낮추고 스승을 높이는 자공의 인품을 대비시킨 이야기다. 스승을 존경하는 제자의 모습이 아름답다. 사제지간

의 예禮가 살아 있던 시절의 아름다운 이야기가 아닌가? 그러나 우리 현실에서 이런 예를 찾아보기는 점점 힘들어지고 있다. 나 아닌 남을 헐뜯어야 내가 돋보인다는 생각에 무조건 남을 비방하는 것이 이제 일상이 되어버린 것 같다.

한 조사 결과 교실에서 학생에게 욕설을 들었다고 답한 교사가 80퍼센트가 넘는 것으로 나타났다고 한다. 게다가 학생에게 매 맞는 교사도 적지 않다는데, 참으로 걱정이다. 기업 조직에서도 예가 사라진 지 오래다. 남을 헐뜯어 끌어내려야만 내가 산다는 생각이 조직 전체를 지배하는 경우가 많다.

자신을 추켜세우는 이야기를 듣고도 오히려 더 겸손해하며 스스로를 낮추고 스승을 칭송한 자공의 이야기. 우리는 이 이야기에서 공자의 위대함보다는 자공의 인품에 감탄하게 된다. 남을 높일 때 내가 더 높아진다는 평범한 진리를 우리는 자주 잊는 것 같다.

41

어려움은 함께할 수 있지만
즐거움은 함께하기 어렵다
可與共患難 不可與共樂

范蠡遂去 自齊遺大夫種書曰 蜚鳥盡良弓藏 狡兎死走狗烹 越
범려수거 자제유대부종서왈 비조진양궁장 교토사주구팽 월

王爲人長頸鳥喙 可與共患難 不可與共樂 子何不去 種見書
왕위인장경조훼 가여공환난 불가여공락 자하불거 종견서

稱病不朝 人或讒種且作亂 越王乃賜種劍 曰子敎寡人伐吳七術
칭병부조 인혹참종차작란 월왕내사종검 왈 자교과인벌오칠술

寡人用其三而敗吳 其四在子 子爲我從先王試之 種遂自殺
과인용기삼이패오 기사재자 자위아종선왕시지 종수자살

범려范蠡는 월越나라를 떠나 제나라에서 대부 문종文鍾에게 편지를 써 말하길 "나는 새가 다 잡히면 좋은 활은 거두어지고, 교활한 토끼가 모두 잡히면 사냥개는 삶아지는 법이오. 월왕 구천句踐은 목이 길고 입은 새처럼 뾰족하니, 어려움은 함께할 수 있어도 즐거움은 같이할 수 없소. 그대는 왜 월나라를 떠나지 않는 것이오?"라고 했다. 문종이 편지를 읽고서 병을 핑계 삼아 궁궐에 들어가지 않으니, 어떤 사람이 그가 반란을 일으키려 한다고 참언했다. 구천은 그에게 칼을 내리며 말하길 "그대는 오나라를 칠 수 있는 계책 일곱 가지를 가르쳐주었소. 나는 그중 세 가지만을 사용해 오나라를 물리쳤소. 나머지 네 가지는 그대에게 있으니, 그대는 선왕先王을 뒤쫓아가서 나를 위해 그것을 시험해보길 바라오"라고 했다. 문종은 이내 자결하고 말았다. _《사기》 월왕구천세가越王句踐世家

범려는 문종과 함께 월왕 구천*이 오나라를 멸망시키는 데 결정적 공을 세운 공신이었지만, 한사코 월나라에 남지 않고 스스로 제나라로 도망하면서 월왕 구천이 내리는 즐거움을 받아들이지 않았다. 그러면서 어려움은 같이할 수 있지만, 즐거움은 함께 나누기 어렵다는 교훈을 남겼다.

토사구팽兎死狗烹의 교훈을 알면서도 팽烹 신세를 면치 못하는 이유는 무엇일까? 바로 나아가야 할 때와 물러서야 할 때를 분명히 하지 못하기 때문이다. 위기가 닥쳤을 때는 마음이 하나로 모아지기 쉬워서 오히려 함께 앞으로 나아갈 수 있지만, 평화와 기쁨이 찾아왔을 때는 각자의 생각이 많아져 음모와 의심이 도사리기 십상이다. 즐거움에 들뜬 채 화를 당하고 싶지 않다면 "멈추면 위태롭지 않다"는 노자의 교훈도 한 번쯤 새겨볼 일이다.

---

*월왕 구천은 와신상담臥薪嘗膽이라는 고사로 더 유명한 춘추시대의 군주로, 오나라를 멸망시키고 패자가 되었지만 범려는 말없이 도망가고 대부 문종은 자결하면서 결국 비극을 맞았다.

사람을 움직이는 것은 너그러움과 겸손함
君使臣以禮 臣事君以忠

定公問 君使臣 臣事君 如之何 孔子對曰 君使臣以禮 臣事君
정공문 군사신 신사군 여지하 공자대왈 군사신이례 신사군
以忠
이충

(노나라 군주인) 정공定公이 여쭈었다. "임금이 신하를 부리고 신하가 임금을 섬김에 있어 어떻게 해야 합니까?" 공자께서 말씀하셨다. "임금은 신하를 예로써 부리고, 신하는 임금을 충으로 섬기면 됩니다." _〈논어〉 팔일편

춘추전국시대의 정치형태는 천자天子가 군림하는 주나라를 중심으로 수많은 제후국이 소속된 봉건제였다. 그러나 주나라의 통치력은 땅에 떨어졌고 오히려 제후국의 눈치를 보는 상황이 계속됐다. 제후국인 노나라도 예외는 아니어서 군주를 보필하던 대부가 월권행위를 일삼자 정치 질서가 매우 어지럽게 돌아갔다. 이런 상황에서 군주 정공이 임금과 신하의 바람직한 관계를 묻자, 공자는 명쾌하게 답변해주고

있다.

　임금은 권력이 있다고 해서 신하를 함부로 부릴 게 아니라 깍듯한 예를 갖춰야 하고, 신하는 그에 대한 답례로써 성실하게 맡은 일을 수행해야 한다는 것이다. 여기서 충忠이란 임금에 대한 맹목적인 복종이 아니라 '충실' 혹은 '성실'에 가깝다.

　윗사람이 아랫사람에게 지시를 내리고, 아랫사람이 과업을 주고, 구성원들이 맡은 일을 해나가는 것이 기업의 운영 원리다. 이런 기업에서도 윗사람의 일방적인 명령에 의해서는 소기의 목적을 달성하기 어렵다. 인간의 마음속에는 예나 지금이나 존중받고 싶어하는 욕망이 있기 때문이다. 그래서 공자는 윗자리에 있는 사람에게 더 많은 절제를 요구한 것이다. 아랫사람이라고 해서 함부로 대하면 윗사람에게 어떤 불행한 일이 일어날지 아무도 모른다. 역사는 이러한 현상을 종종 보여주고 있지 않은가.

43 먼저 좋은 부하가 있는지 살펴라

夫如是 奚而不喪 夫如是 奚其喪

子言衛靈公之無道也 康子曰 夫如是 奚而不喪 孔子曰
자언위령공지무도야 강자왈 부여시 해이불상 공자왈

仲叔圉治賓客 祝鮀治宗廟 王孫賈治軍旅 夫如是 奚其喪
중숙어치빈객 축타치종묘 왕손가치군려 부여시 해기상

공자가 위나라 영공의 무도함을 이야기하자, 노나라 대부로서 당시의 실권자였던 계강자季康子가 "그런데 어찌 망하지 않습니까?" 하고 물었다. 공자께서 말씀하셨다. "중숙어仲叔圉가 빈객賓客을 접대하고, 축타祝鮀가 종묘宗廟를 관리하고, 왕손가가 군려軍旅를 맡고 있습니다. 그런데 어찌 그가 망하겠습니까?" _《논어》 헌문憲問 편

위나라 영공은 재위하는 동안 많은 실정을 저지른 그야말로 무도한 임금이었다. 그런데도 위나라가 망하지 않은 이유에 대해 공자는 세 사람의 어진 신하가 각자 맡은 일을 성실히 하고 있기 때문이라고 답한다. 세 신하 중 중숙어는 외교 담당, 축타는 내정 담당, 그리고 왕손가는 국방 담당이었다.

공자에게 이 질문을 한 계강자는 당시 노나라의 국정을 농단壟斷하고 있었으니, 공자의 이 대답은 곧 계강자에게 주는 경고이기도 했다.

리더의 능력과 인품이 훌륭하면 더할 나위 없이 좋겠지만, 리더가 비록 그렇지 못하더라도 그를 보좌하는 신하들이 성실하다면 조직은 흔들리지 않을 수 있다. 그래서 부하를 잘 뽑는 것이 중요한 것이다.

리더라면 스스로를 다스리고 능력을 끌어올리는 데 마땅히 최선을 다해야 한다. 하지만 그보다 훨씬 중요한 리더의 할 일은 좋은 인재를 뽑아내는 것이다. 자신이 없어도 능히 조직이 잘 돌아갈 수 있도록 훌륭한 보좌진을 선발하는 것. 그리고 그들이 자신의 역량을 마음껏 드러낼 수 있도록 권한을 위임하고 전적으로 지원해주는 것. 리더에게 정말 필요한 역할은 바로 이런 것이다.

44
공을 이루었거든 뒤로 물러나라
中山之擧也 非臣之力 君之功也

魏文侯攻中山 樂羊將 已得中山 還反報文侯 有戲功之色
위문후공중산 악양장 이득중산 환반보문후 유희공지색
文侯命主書曰 群臣賓客所獻書操以進 主書者擧兩篋以進
문후명주서왈 군신빈객소헌서조이진 주서자거양협이진
令將軍視之 盡難攻中山之事也 將軍還走北面再拜曰
영장군시지 진난공중산지사야 장군환주북면재배왈
中山之擧也 非臣之力 君之功也
중산지거야 비신지력 군지공야

전국시대 위나라의 임금 문후文侯가 종산을 공격하며 악양樂伴을 장수로 삼았다. 이미 중산을 정복하고 돌아온 악양은 문후에게 보고하며 자기의 공에 대해 득의만만한 모습이었다. 그러자 문후가 문서관리자에게 명하여 "여러 신하와 빈객 들이 올린 글들을 가져오라"고 하였다. 이에 그 문서관리자가 두 광주리나 되는 글을 가지고 왔다. 이를 악양에게 보였는데, 모두가 악양이 중산을 제대로 공격하지 못한 데 대한 비난의 글이었다. 이를 본 악양은 멀리 내달아 북면재배하며 이렇게 말했다. "중산을 정복한 것은 저의 힘이 아니라 모두 임금님의 공입니다." _《설원》복은 편

이웃나라 중산국을 정벌하기 위해 다른 나라에서 영입한 장군 악양. 위나라 임금 문후는 그가 온 나라의 숙원이던 중

산국 정벌을 성공리에 완수하고 돌아와 전공에 들떠 있는 것을 본다. 장군 악양의 혁혁한 전공을 모르는 바 아니었지만, 문후는 전쟁 수행 중 임금 주변의 신하 및 빈객 들이 올린 수많은 비난의 글을 악양에게 보여줌으로써 개선장군의 전공을 통째로 말살해버린다. 승리한 전쟁에서 장군의 공이 아무리 혁혁하다 해도 이를 명령한 군주의 공만은 못하다는 것을 확인시켜줌으로써, 대단한 공적을 이루고서도 이를 자랑하지 못하는 게 장수의 한계라는 사실을 널리 알리고자 했던 것이다.

윗사람이 아랫사람에게 공을 돌려도 궁극적으로 그 공은 윗사람의 것이 된다. 하물며 아랫사람이 윗사람 앞에서 공을 자랑하다가는 누구에게 지탄과 비방을 받을지 모른다. 그만큼 공을 세운 사람의 자리는 취약하다. 주변사람의 끊임없는 시샘이 늘 뒤따르기 때문이다.

내 공을 크게 인정받으려다가 토사구팽을 당하지 않으려면 공을 세우더라도 자랑하지 마라. 노자도 《도덕경》에서 공성신퇴功成身退를 강조했다. 공을 이루었거든 일단 뒤로 물러나라. 이것이 진짜 처세다.

간언하되, 지혜롭게 하라

皆務欲得其前利 不顧其後之有患

吳王欲伐荊 告其左右曰 敢有諫者死 舍人有少儒子者
欲諫不敢 則懷丸操彈 遊於後園 露沾其衣如是者三日
吳王曰 子來何苦 對曰 園中有樹 其上有蟬 蟬高居悲鳴飮露
不知螳螂在其後也 螳螂委身曲附 欲取蟬 而不知黃雀在其
傍也 黃雀延頸 欲啄螳螂 而不知彈丸在其下也 此三者
皆務欲得其前利 而不顧其後之有患也 吳王曰 善哉 乃罷其兵

오왕吳王이 형邢나라를 치려 하면서, 좌우 신하들에게 이렇게 일렀다. "감히 반대하여 간언하는 자는 죽이리라." 그런데 궁 안에 오왕의 젊은 태자가 있었다. 그는 간언을 하고 싶었으나 감히 실행하지 못하게 되자, 탄환(활)을 지닌 채 후원에 가서 옷에 이슬을 적시며 사흘간 아침마다 서성거렸다. 오왕이 이를 이상하게 여겨 물었다. "너는 무슨 까닭으로 옷까지 적셔가며 고생하고 있느냐?" 그러자 태자는 이렇게 말했다. "이 뜰에 나무가 하나 있습니다. 그 나무에는 매미가 한 마리 있지요. 그 매미는 나무 높은 곳에 붙어 슬피 울면서 이슬을 먹고 있습니다. 사마귀가 그 뒤에서 자신을 노린다는 걸 모르고 말이죠. 사마귀는 몸을 붙이고 숨어서 매미를 덮칠 생각에만 빠져, 그 곁에 있는 꾀꼬리가 자신을 노리고 있다는 걸 모르고 있습니다. 그러나 꾀꼬리 역시 목을 늘여 사마귀를 쪼아 먹을 것에만 눈이 먼 채, 그 아래서 탄환을 가지고 쏠 준비를 하고 있는 저를 알지 못합니다. 이 세 마리는 모두가 눈앞의 이익을 얻기에만 급급할 뿐, 그 뒤에 있는 환난患難을 돌아볼 줄 모르는 것입니다."
오왕이 이 말을 듣고서 "옳도다" 하고는 드디어 군사를 해산해버렸다. _《설원》 정간正諫 편

여기에 나오는 오왕은 초나라, 월나라 등 인접국가와 끊임없는 전쟁을 수행하던 춘추시대 말기의 임금이었다. 전쟁을 좋아하는 임금을 두면 가장 큰 피해는 말할 것도 없이 백성들이 입는다. 그런데 당시 호전적인 임금들은 전쟁에 반대하는 신하들의 의견을 묵살하기 위해 전쟁에 반대하는 사람은 무조건 사형시키겠다는 엄포를 놓는 것이 일반적이었다. 그러니 웬만한 신하가 아니면 목숨을 내놓으면서까지 임금에게 간언할 수 없었다. 그런데 현명한 태자는 임금의 비위를 건드리지 않으면서 효율적인 풍간諷諫을 통해 나라를 전쟁의 위험에서 건져냈다.

폭군이 신하들의 건의를 받아들이지 않고 무조건 자신의 뜻을 밀어붙이려 한다는 것은 비단 어제 오늘 이야기가 아니다. 그러나 이런 폭군이 무서워 예스맨이나 지당거사至當居士로만 넘쳐나는 조직은 결코 발전할 수 없다.

현명하게 간언할 줄 아는 젊은 태자 같은 이들이 더 많아져야 한다. 상대의 심기를 편안하게 해주는 한편 진정성이 느껴지는 호소를 담아 의견을 개진할 줄 아는 사람. 이런 이들을 일컬어 우리는 '지혜롭다'고 하는 것이다.

46

자기 자신보다
부하의 힘을 믿어라
假途滅虢

假途滅虢 踐土會盟
가 도 멸 괵 천 토 회 맹

길을 빌려 괵虢나라를 치고, 천토에서 제후들을 불러 맹세를 했다. _《천자문千字文》

춘추시대 말 진나라 헌공獻公 때의 일이다. 이웃의 작은 나라인 괵을 치려면 반드시 우虞나라를 경유해야 했던 진나라는 우나라에 사신을 보내 길을 빌려달라고 요청했다. 그리고 이를 성사시키기 위해 유명한 옥(수극지벽垂棘之璧)과 명마(굴산지승屈産之乘), 미녀 등을 우나라 군주에게 선물했다.

우나라 군주가 값비싼 선물에 눈이 어두워 길을 터주려 하자 현인 궁지기宮之奇는 간곡하게 충언했다. 당시 큰 나라들이 작은 나라를 정복하기 위해 흔히 사용하던 외교사外交辭가 바로 '가도假途', 즉 '길을 빌려달라'는 요구였는데, 이는 힘

없는 나라 입장에서 정말 굴욕적인 것이었다. "괵나라는 우나라의 보호막입니다. 괵나라가 망하면 우나라는 반드시 이에 따르게 마련입니다. 진나라에 길을 열어줘서는 안 되며, 도적들과 친할 수는 없는 법입니다. 속담에 '수레의 덧방나무(수레 양쪽 가장자리에 덧대는 나무)와 바퀴가 서로 의지하며輔車相依, 입술이 없어지면 이가 시리다脣亡齒寒는 것이 바로 우나라와 괵나라를 두고 하는 말입니다."

그러나 이러한 궁지기의 충정 어린 반대에도 불구하고 우나라 군주는 "진나라는 우리와 동성同姓이다. 어찌 우리를 해칠 것인가?"라고 했다. 궁지기는 그의 일족을 데리고 우나라를 떠나면서 말했다. "우는 이번 섣달을 넘기지 못할 것이다."

그의 예언대로 그해 12월 진나라는 괵을 쳐 없앴고, 입술(괵나라)이 없어진 지 얼마 지나지 않아 이(우나라)도 곧 진나라에 의해 멸망했다. 궁지기의 예언대로 순망치한이 적중한 것이다.

충신의 간언을 받아들이지 않는 군주, 스스로 가장 현명하다고 생각하는 리더는 더 이상 리더가 아니다. 훌륭한 리더인지 아닌지는 자기보다 뛰어나고 현명한 부하를 얼마나 많이 거느리고 있는가에 달려 있지, 스스로의 능력이 얼마나 탁월한가에 달려 있지 않다. 혼자 힘만 믿고 달려 나가는 사람은 앞으로 무슨 일이 벌어질지도 모른 채 불빛을 보고 뛰어드는 불나방과 전혀 다름이 없다.

47 선한 말 한마디의 위력
人之將死 其言也善

曾子有疾 孟敬子問之 曾子曰 鳥之將死 其鳴也哀 人之將死
증자유질 맹경자문지 증자왈 조지장사 기명야애 인지장사

其言也善 君子所貴乎道者三 動容貌 斯遠暴慢矣 正顏色
기언야선 군자소귀호도자삼 동용모 사원포만의 정안색

斯近信矣 出辭氣 斯遠鄙倍矣 籩豆之事則有司存
사근신의 출사기 사원비배의 변두지사즉유사존

증자가 병이 나자 노나라 대부 맹경자孟敬子가 문병을 갔다. 이때 증자가 말했다. "새가 죽어갈 적에는 그 울음소리가 애처롭고, 사람이 죽어갈 때에는 그의 말이 착하다오. 군자가 소중히 여길 도가 세 가지 있는데, 몸을 움직일 적에는 난폭함과 방자함을 멀리해야 하고, 얼굴빛을 올바르게 지녀 신의에 가까워지도록 해야 하고, 말을 입 밖에 낼 때는 비루함과 사리에 어긋남을 멀리해야 하오. 제기를 다루는 일 같은 것은 그걸 주관하는 사람이 있지요."_《논어》태백편

증자는 이름이 삼 혹은 참參, 자字는 자여子輿, 공자보다 46세 연하의 제자였다. 그는 효성이 지극하여 일설에 따르면 《효경孝經》을 쓴 사람이라고도 전한다. 그의 효성에 대해서는 회자인구膾炙人口나 계족지언啓足之言을 통해서도 잘 알려

져 있다. 증자는 스승 공자의 뒤를 이어 공자학당의 후계자로 지명되기도 했다. 증자는 이 이야기에서 사람이나 짐승이나 생을 마감할 즈음에는 지금까지 가졌던 사악한 마음은 다 사라지고 진실하고 참된 뜻을 갖게 된다고 말한다.

요즘 우리 사회는 말로 행세하려는 사람들이 부쩍 많아졌다. 같은 말을 해도 너무 거칠고 심하게 표현하면서, 이것을 '돌직구'라느니 '촌철살인'이라느니 하는 그럴듯한 말로 포장하곤 한다.

그러나 이런 선하지 못한 말은 상대방의 처지를 전혀 감안하지 않은, 한마디로 어린애 같은 말에 불과하다. 왜 좀 더 성숙한 인간으로 살지 못하는가. 진정 죽을 때에 이르러서야 깊이 후회할 것인가. 선한 말 한마디는 상대를 부드럽게 움직이는 동시에 나 자신의 품격까지 한 단계 높여준다. 일단 그 위력을 경험하고 볼 일이다.

48

부하의 몸을
내 몸과 같이
吮疽之仁

起之爲將 與士卒最下者同衣食 臥不設席 行不騎乘 親裹嬴糧
與士卒分勞苦 卒有病疽者 起爲吮之 卒母聞而哭之 人曰
子卒也 而將軍自吮其疽 何哭爲 母曰 非然也 往年吳公吮其父
其父戰不旋踵 遂死於敵 吳公今又吮其子 妾不知其死所矣
是以哭之

오기吳起는 장군으로서 군대를 거느릴 때에는 언제나 하급병사들과 의식을 같이했고, 누울 때도 자리를 까는 법이 없었고, 행군할 때에도 수레를 타지 않았다. 또 자기 식량은 직접 가지고 다니는 등 병사들과 모든 고락을 함께했다. 한번은 병사 가운데 종기를 앓는 이가 발생했다. 오기는 그의 고름을 입으로 빨아냈다. 그러자 그 병사의 어머니가 이 소식을 듣고 소리 내어 울었다. 어떤 사람이 그 이유를 물었다. "당신 아들이 졸병에 불과한데도 장군께서 종기를 직접 빨아주었는데, 어째서 우는 겁니까?" 그 어머니는 말하기를 "그런 게 아닙니다. 지난해에 오기 장군께서 그 아이 아버지의 종기를 빨아주었습니다. 애 아버지는 감격해서 도망치지 않고 끝까지 용감하게 싸우다가 전사했습니다. 장군께서 또 그 아들의 종기를 빨아주었으니 그 자식도 어디선가 필경 싸우다가 죽을 겁니다. 그래서 우는 것입니다." _《사기》 손자오기열전孫子吳起列傳

오기 장군은 사실 악랄한 냉혈한으로 잘 알려져 있다. 그는 자기 목적을 위해 물불을 가리지 않는 인물이었다. 학업을 위해 어머니의 부음을 듣고도 가지 않았다가 스승 증자에게 내침을 당하기도 했고, 노나라에서 제나라의 침입에 맞서 그를 장군으로 임명하려다 그의 아내가 제나라 여인이라는 이유로 사람들이 주저하자 아내의 목을 벤 적도 있었다.

그러나 위문후魏文侯에게 발탁된 후에는 말단 병사들과 생사고락을 함께하며 병사들의 두터운 신임을 얻었다. 식사와 의복, 잠자리에 차이를 두지 않았고, 행군할 때도 수레나 말을 타지 않았으며, 식량을 손수 나를 정도로 검소하고 소박하게 행동했다. 일각에서는 이러한 그를 두고 "진정성이 결여되어 있다" "가식적으로 행동했다"라는 혹평도 이어진다.

하지만 인간으로서의 오기가 아닌 리더로서의 오기에 대해서는 좀 더 다른 평가기 필요하지 않을까. 아무리 가식이라도 부하의 종기를 직접 빨아주기란 쉬운 일이 아니다. 오기에게서 무엇을 버리고 무엇을 취할 것인지는 리더 각자가 판단할 몫이다.

49

인간관계에서 신의보다
중요한 게 무엇이랴
徙木之信

今旣具 未布 恐民之不信 已乃立三丈之木於國都市南門 募民
有能徙置北門者予十金 民怪之 莫敢徙 復曰能徙者予五十金
有一人徙之 輒予五十金 以明不欺 卒下令

변법을 제정해놓고 공포를 하지 못하고 있었는데, 백성들의 불신을 염려했기 때문이다. 백성들의 불신을 없애기 위해 한 가지 계책을 세웠다. 높이가 세 길 되는 나무를 도성 저잣거리의 남문에 세워놓고 백성들에게 이렇게 글을 걸어 놓았다. "이 나무를 북문에다 옮겨 놓는 자에게는 10금金을 주리라!" 그러나 모두들 이상하게만 여긴 나머지 옮기려는 자가 나타나지 않으므로 다시 이렇게 널리 알렸다. "이 나무를 북문에다 옮기는 자에게는 50금을 주리라!" 어떤 자가 이것을 옮기자 그 자리에서 50금을 주어 나라가 백성을 속이지 않음을 분명히 알렸다. 그러고는 마침내 새 법령을 공포하였다.

令行於民期年 秦民之國都言初令之不便者以千數 於是太子
犯法 衛鞅 曰 法之不行 自上犯之 將法太子 太子 君嗣也
不可施刑 刑其傅公子虔 黑京暻 其師公孫賈 明日 秦人皆

趙令 行之十年 秦民大說 道不拾遺 山無盜賊 家給人足 民勇
추 령　행지십년　진민대열　도불습유　산무도적　가급인족　민용
於公戰 怯於私鬪 鄕邑大治 秦民初言令不便者有來言令便者
어공전　겁어사투　향읍대치　진민초언령불편자유래언령편자
衛鞅曰 此皆亂化之民也 盡遷之於邊城 其後民莫敢議令
위앙왈　차개난화지민야　진천지어변성　기후민막감의령

새로운 법령이 시행되자, 1년 동안 백성들이 도성에 몰려와 법령의 불편함을 고하는 자가 수천 명이 되었다. 이때 태자가 법을 어기는 일이 벌어지자 상앙商鞅이 말하길 "법이 잘 시행되지 않는 것은 위에 있는 자부터 법을 범하기 때문이다" 하고 태자를 벌하려고 했다. 그러나 태자는 임금의 후사이므로 벌할 수 없어 대신 태자의 태부를 처형하고 태사를 경형에 처했다. 다음날부터 백성들은 이 법을 준수하게 되었다. 10년이 지나자, 백성들은 이 법에 대해 매우 만족해했다. 길에 떨어진 물건은 줍지 않았고, 산에는 도적이 없었다. 또 집집마다 풍족하고 사람마다 넉넉하였다. 나라를 위한 싸움에는 용감하였으며, 개인의 싸움에는 겁을 먹었다. 처음에는 법이 불편하다고 원망하던 자들도 이제는 편리하다고 말하게끔 되었다. 상앙은 법에 대해 불평하는 이들이 논의하는 것을 금했고, 이를 어길 시에는 변방으로 이주시켜버렸다. 그러자 백성들은 감히 이야기하지 않았다. _《사기》 상군열전商君列傳

 전국시대 진나라 효공孝公 때 상군商君의 이야기다. 상군은 원래 위나라 군주의 서공자庶公子들 중 한 사람으로 이름은 상鞅, 성은 공손公孫이며 그의 조상은 주왕실의 희씨姬氏였다. 위나라에서 등용되지 않자 공손왕은 인재를 널리 모집하는 진나라로 가서 진효공의 신하가 되어 훗날 진시황의 중원 통일에 디딤돌을 놓았다.

그는 인간관계에서 가장 중요한 덕목 중 하나가 바로 신의信義라는 사실을 잘 알고 있는 리더였다. 그렇기에 백성들이 법을 믿고 잘 따를 수 있도록 여러 가지로 조치를 취했던 것이다.

부부 사이, 친구 사이에 신의가 없으면 관계가 원만하게 이어지기 힘들다. 조직에서는 말할 것도 없다. 조직 내에서 상하 간의 신뢰관계가 무너지면 조직은 더 이상 지탱할 수 없는 지경에까지 쉽게 이른다.

조직에서 신의를 지켜가는 가장 쉬운 방법이 무엇일까? 바로 실천하지 못할 것 같은 약속이나 법령, 제도를 애초 만들지 않는 것이다. 조직원의 불신을 살 만한 일 근처에는 아예 가지도 마라.

50

너그러움은 지지자를 부르게 되어 있다
絶纓之宴

楚莊王賜群臣酒 日暮酒酣 燈燭滅 乃有人引美人之衣者 美人
초 장 왕 사 군 신 주 일 모 주 감 등 촉 멸 내 유 인 인 미 인 지 의 자 미 인
援絶其冠纓 告王曰 今者燭滅 有引妾衣者 妾援得其冠纓持之
원 절 기 관 영 고 왕 왈 금 자 촉 멸 유 인 첩 의 자 첩 원 득 기 관 영 지 지
趣火來 上視絶纓者 王曰 賜人酒 使醉失禮 奈何欲顯婦人
취 화 래 상 시 절 영 자 왕 왈 사 인 주 사 취 실 례 내 하 욕 현 부 인
之節而辱士乎 乃命左右曰 今日與寡人飮 不絶冠纓者 不懽 群
지 절 이 욕 사 호 내 명 좌 우 왈 금 일 여 과 인 음 부 절 관 영 자 불 환 군
臣百有餘人 皆絶去其冠纓而上火 卒盡懽而罷
신 백 유 여 인 개 절 거 기 관 영 이 상 화 졸 진 환 이 파

초나라의 장왕莊王이 여러 신하들에게 술을 내려 잔치를 벌이고 있었다. 날이 저물어 술이 거나하게 올랐을 때, 공교롭게도 바람에 등불이 꺼지고 말았다. 이때 어떤 이가 함께 자리한 후궁 중 어느 미인의 옷을 잡아당기며 수작을 부리려 했다. 그러자 그 미인이 이를 붙잡아 그의 갓끈을 잡아당겨 끊어버리고서 임금에게 말했다. "지금 등불이 꺼진 틈을 타 어떤 자가 첩妾의 옷을 잡아당겼습니다. 첩이 그 자의 갓끈을 끊어 가지고 있으니, 등불을 밝히시거든 그 갓끈 끊어진 자를 살펴주시옵소서!" 왕이 말하길 "사람들에게 술을 내려 실례하도록 취하게 되었는데, 어찌 여인네의 정절을 드러내려고 선비들을 욕되게 할 수 있겠는가?" 이내 임금이 좌우에 명하였다. "오늘 나와 더불어 술을 마시면서 갓끈을 끊지 않는 자는 이 술자리가 즐겁지 않다는 표시를 하는 자로다!" 그러고는 백여 명이 넘는 신하 모두가 갓끈을 끊고 나서야 등불을 밝혔

다. 이리하여 끝까지 그 즐거운 분위기를 다한 채 잔치를 마치게 되었다.

居三年 晉與楚戰 有一臣常在前 五合五奮 首却敵 卒得勝之
거삼년 진여초전 유일신상재전 오합오분 수각적 졸득승지
莊王怪而問曰 寡人德薄 又未嘗異者 子何故出死不疑如是
장왕괴이문왈 과인덕박 우미상이자 자하고출사불의여시
對曰 臣當死 往者醉失禮 王隱忍不加誅也 臣終不敢以陰蔽之
대왈 신당사 왕자취실례 왕은인불가주야 신종불감이음폐지
德而不顯報王也 常願肝腦塗地 用頸血濺敵久矣 臣乃夜絶纓者也
덕이불현보왕야 상원간뇌도지 용경혈천적구의 신내야절영자야
遂敗晉軍 楚得以强 此有陰德者 必有陽報也
수패진군 초득이강 차유음덕자 필유양보야

그로부터 3년 후, 진나라와 초나라 사이에 전쟁이 벌어졌다. 그때 한 신하가 가장 선봉에 나서서 다섯 번 싸움에 다섯 번 분격하여 그 첫머리에서 적을 격퇴시켰다. 이리하여 결국 그 싸움을 승리로 끝냈다. 장왕이 이를 이상히 여겨 그 신하에게 물었다. "과인은 덕이 박薄하여 일찍이 그대를 특이한 자라고 여기지 않았는데, 그대는 무슨 연고로 죽음을 두려워하지 않고 그렇게 나섰는가?" 이에 그 신하가 이렇게 대답했다. "저는 마땅히 죽은 몸이었습니다. 지난날 술에 취하여 예禮를 잃었지요. 그런데 임금께서 이를 겉으로 드러내지 아니하고 참으시며, 제게 주벌誅罰을 내리지 않으셨습니다. 저는 끝까지 그 덕을 숨긴 채 임금께 보답하지 않으리라고는 감히 생각지 않았습니다. 늘 나의 간肝과 뇌腦를 땅에 드러내어 죽는 것과 목의 피를 적군에게 뿌려 그 은혜를 갚길 원해온 지 오래입니다. 신이 바로 그 주연酒宴에서 갓끈이 끊겼던 자입니다." 이리하여 드디어 진군을 물리치고 초나라를 강성케 했으니 이 역시 음덕이 있으면 반드시 양보가 있다는 예라고 할 수 있다. _《설원》 복은 편

사람은 누구나 실수나 잘못을 할 수 있다. 그것이 여러 번

반복된 것이라거나 지극히 악의적인 것이라면 이야기가 달라지겠지만, 일반적으로 사람은 자신의 실수나 잘못을 따뜻하게 이해하고 관용을 베푸는 상대에게 끌리게 되어 있다. 이것은 어쩔 수 없는 만고의 이치다.

곧은 인격을 가진 리더가 만들어내는 훈훈한 분위기는 조직원들이 무한한 능력을 펼칠 수 있도록 해주는 원동력이 된다. 독특한 무형 자산의 일종인 '기업 문화'가 특별히 중요한 것도 이런 이유에서다.

정직하고 솔선하는 리더, 따뜻한 보살핌과 관용정신으로 늘 베푸는 리더 밑에 악한 조직원이 있기란 힘든 일이다. 당신이 리더라면 지금보다 조금 더 너그러워질 일이다. 관즉득중寬則得衆! 너그러움은 언제나 많은 지지자를 끌어 모으게 마련이니 말이다.

남의 작은 흠까지 찾아내려는 사람
吹毛求疵

古之全大體者… 不吹毛而求小疵 不洗垢而察難知
고지전대체자 불취모이구소자 불세구이찰난지

옛날 치국治國의 대강大綱을 온전하게 터득한 사람은 털을 불어 작은 흠을 찾아내려 하지 않고, 때를 씻어 알기 어려운 것을 살피려고 하지 않는다. _《한비자》대체大體 편

객관적인 법술과 상벌에 의한 통치공작을 힘들여 말하면서, 군주와 신하 간의 관계가 안정적이어야 나라가 잘 다스려진다는 주장을 담고 있는 말이다. 나아가 남의 흠을 찾아내려고 혈안이 된 사람들을 비판하며 자연의 원리에 순응하는 자세를 장려하는 말이기도 하다.

공직자 인준을 위한 국회 인사청문회를 보면 우리 사회가 얼마나 취모구자吹毛求疵를 하고 있는지 알 수 있다. 여당은 구렁이 담 넘어가듯 하려고 하고, 야당은 털어서 나오는 먼지 하나라도 꼬투리를 잡으려고 한다. 여기에 서로 편을 갈라 상대방을 욕하는 국민들이 가세한다. 일부 국민들은 이 모든 광경을 바라보며 극도의 피로감을 느낀다.

높은 자리에 올라갈수록 자기 자신에 대한 기준은 엄격하게 유지해야 하는 게 맞다. 털어서 먼지 하나 나오지 않도록 몸가짐을 바르게 하고 신중, 또 신중해야 한다.

하지만 실제로는 어떤가. 자신의 행동은 관대하게 해석하면서 오히려 남에게만 엄격한 기준을 들이미는 사람들이 너무나 많다. 리더라면 스스로에게는 고지식한 기준을, 남에게는 융통성 있는 기준을 제시하겠다는 생각을 가져야 한다. 그렇게 해야 사람이 따르게 마련이다.

52

내가 바라지 않는 것은
남에게도 하지 마라
己所不欲 勿施於人

子貢問曰 有一言而可以終身行之者乎 子曰 其恕乎 己所不欲
자공문왈 유일언이가이종신행지자호 자왈 기서호 기소불욕

勿施於人
물시어인

자공이 여쭈었다. "한마디 말로 평생 동안 그것을 실천할 만한 것이 있습니까?" 공자께서 말씀하셨다. "바로 서恕이다! 자기가 바라지 않는 것은 남에게도 하지 말아야 한다." _《논어》 위령공 편

子曰 參乎 吾道一以貫之 曾子曰 唯 子出 門人問曰 何謂也
자왈 삼호 오도일이관지 증자왈 유 자출 문인문왈 하위야

曾子曰 夫子之道 忠恕而已矣
증자왈 부자지도 충서이이의

공자께서 말씀하셨다. "삼아! 나의 도는 하나로 관통되어 있다." 증자는 "그렇습니다" 하고 대답했다. 공자께서 나가시자 제자가 물었다. "무슨 뜻입니까?" 증자가 말했다. "선생님의 도는 충忠과 서恕일 따름입니다." _《논어》 이인 편

공자의 생애를 시종일관한 것은 서恕였다. 이는 '남을 배려하는 마음'이라 할 수 있다. 이 글자를 파자破字하면 '같

은 마음', 즉 여심如心인데 이는 '나와 남의 마음을 같이하는 것'이라 할 수 있다. 나의 마음을 남과 같이하여야 남의 잘못을 용서할 수 있고, 나아가 남을 사랑할 수 있는 것이라고 볼 때, 이 '서'야말로 공자가 그렇게 강조하는 인仁의 출발이자 종착점이라는 생각이 든다.

특히 《논어》 이인 편에서는 공자의 제자 증자가 공자의 도를 오로지 '충'과 '서'라고 말하기도 한다. '충'은 스스로에게 성의를 다하는 것이고, '서'는 자신의 처지로 미루어 남의 처지를 이해하는 것이라 본다면, 이는 자신에게나 남에게나 모두 성의와 최선을 다해야 한다는 것으로 해석할 수 있다.

내가 싫으면 남에게도 하지 말아야 한다. 더불어 사는 세상에서 우리가 꼭 염두에 두어야 할 말씀이 아닐 수 없다.

베풀고 또 베풀어라
博施濟衆

子貢曰 如有博施於民 而能濟衆 何如 可謂仁乎 子曰 何事於仁
자공왈 여유박시어민 이능제중 하여 가위인호 자왈 하사어인

必也聖乎 堯舜其猶病諸 夫仁者 己欲立而立人 己欲達而達人
필야성호 요순기유병저 부인자 기욕립이입인 기욕달이달인

能近取譬 可謂仁之方也已
능근취비 가위인지방야이

공자의 제자인 자공이 여쭈었다. "만약 백성들에게 널리 은덕을 베풀고, 많은 사람들을 구제할 수 있다면 어떻겠습니까? 인하다고 할 수 있습니까?" 공자께서 말씀하셨다. "어찌 인에 그치는 일이겠느냐? 틀림없이 성인의 경지에 이르는 일일 것이다. 요·순 임금조차 그런 일을 하지 못할까 걱정하셨다. 인한 사람은 자기가 서고자 하면 남부터 서게 하고, 자기가 뜻을 이루고자 하면 남부터 뜻을 이루게 하는 것이다. 가까이 내게서 미루어 남까지 이해하는 것이 바로 인을 실천하는 방도라 할 수 있다." _〈논어〉 옹야편

'국민을 위하는 것'이라는 명분 아래 많은 정책들이 시행되고 있다. 일각에서는 이를 두고 포퓰리즘populism이라며 몰아붙이기도 한다. 정치의 궁극적인 목적은 '국민들의 행복

을 향한 노력'이라고 할 때 양쪽 주장 모두 타당하게 들리기도 한다.

군자에게 '인仁'이 소중하다는 것은 인이 그러한 인정仁政의 바탕이 되기 때문이다. 따라서 덕치, 곧 인정의 완성은 개인의 인덕仁德보다도 더 차원 높은 단계의 것이다. 그리고 인정의 바탕은 '서'의 정신이라고 할 수 있다.

예로부터 '가난 구제는 나라도 못 한다'고 했다. 그렇다고 해서 그 가난을 그냥 보고만 있는 위정자為政者는 진정한 리더라 할 수 없을 것이다. 위정자라면 백성을 위해 선정善政을 베풀려고 노력하는 것이 당연하다. 또 내가 서고자 하면 남을 먼저 세워주고, 내가 이르고자 함이 있으면 남부터 이르게 해주어야 한다. 그것이 바로 리더의 참 면목이 아니고 무엇이겠는가.

거기서 거기인데 무엇을 더 바라느냐
五十步百步

梁惠王曰 寡人之於國也 盡心焉耳矣 河內凶 則移其民於河東
양혜왕왈 과인지어국야 진심언이의 하내흉 즉이기민어하동
移其粟於河內 河東凶 亦然 察隣國之政 無如寡人之用心者
이기속어하내 하동흉 역연 찰인국지정 무여과인지용심자
隣國之民不加少 寡人之民不加多 何也 孟子對曰 王好戰
인국지민불가소 과인지민불가다 하야 맹자대왈 왕호전
請以戰喩 塡然鼓之 兵刃旣接 棄甲曳兵而走 或百步而後止
청이전유 전연고지 병인기접 기갑예병이주 혹백보이후지
或五十步而後止 以五十步笑百步 則何如 曰 不可 直不百步耳
혹오십보이후지 이오십보소백보 즉하여 왈 불가 직불백보이
是亦走也 曰 王如知此 則無望民之多於隣國也
시역주야 왈 왕여지차 즉무망민지다어인국야

양혜왕梁惠王이 말했다. "과인은 나라를 다스리는 데 전심전력을 다했습니다. 하내에 흉년이 들면 그 백성을 하동으로 이주시키고, 하동의 곡식을 하내로 옮겨 먹고살게 했으며, 하동에 흉년이 들었을 때도 역시 마찬가지로 했습니다. 이웃나라를 살펴보건대, 이만큼 백성을 위해 마음 쓰는 나라는 하나도 없었습니다. 그런데도 그 나라의 백성이 줄어들지 않고 우리나라 백성이 더 늘어나지도 않는데, 이는 무엇 때문입니까?" 맹자께서 말씀하셨다. "왕께서 전쟁을 좋아하시니 전쟁에 비유해 설명을 드릴까 합니다. 전쟁을 할 때 진격의 북소리를 둥둥 울리면 양쪽 군사들의 창칼이 서로 부딪치면서 백병전白兵戰이 벌어집니다. 이어서 (세 불리한 쪽에서) 갑옷을 벗어던지고 무기를 질질 끌면서 달아나는 자들이 나오는데, 어떤 자는 백 걸음을 달아난 후에 멈춰서고,

어떤 자는 오십 걸음을 달아난 후에 멈춰섭니다. 오십 걸음을 달아난 다음 멈춘 자가 백 걸음을 달아난 후에 멈춘 자를 보고 비겁한 놈이라고 비웃는다면 어떻게 되겠습니까?" 왕이 말하길 "안 되지요! 다만 백 보를 달아나지 않았을 뿐이지, 그 역시 달아난 것이지요!" 맹자께서 말씀하시길 "왕께서 만약 그 도리를 이해하신다면 왕의 백성들이 이웃나라보다 많아지길 바라지 마시옵소서." _《맹자》 양혜왕장구梁惠王章句 상上

춘추전국시대에는 모든 나라가 백성의 숫자와 영토를 늘리려고 노력했다. 이는 노동력과 생산지의 크기가 곧 부국강병富國强兵의 기본조건이었기 때문이다. 따라서 선정을 베풀면 이웃제후국에서 남부여대男負女戴하여 백성이 몰려들게 마련일 것 같은데 인구가 좀처럼 늘지 않는 사실을 의아해하는 전쟁광 양혜왕에게 건넨 맹자의 한마디는 "오십 보 백 보"였다.

리더들은 흔히 자신의 입장에서만 골똘히 생각한 뒤 어떤 정책을 내놓고, 이것에 조직원들이 열광하지 않으면 무척 의아해하거나 굉장히 실망할 때가 많다. '분명 좋아할 거라 생각해서 내놓은 아이디어인데 무엇이 문제일까' 고민하다가 결국 자기 진심을 몰라주는 조직원들을 원망하기도 한다. 하지만 조직원들 입장에서는 어떤가. 오십 보 백 보일 뿐이다.

정말 조직원들을 행복하게 해주고 싶다면 어설프게 지레짐작하지 말고 그들의 목소리를 들어라. 그들이 무엇을 원하는지, 무슨 생각을 갖고 있는지 직접 이야기하게 하라. 또 다시 "오십 보 백 보"라는 이야기를 듣고 싶지 않다면 말이다.

남이 잘못을 지적해주면 기뻐하라
聞過則喜

孟子曰 子路 人告之以有過 則喜 禹聞善言 則拜 大舜有大焉
맹자왈 자로 인고지이유과 즉희 우문선언 즉배 대순유대언

善與人同 捨己從人 樂取於人以爲善 自耕稼陶漁以至爲帝
선여인동 사기종인 낙취어인이위선 자경가도어이지위제

無非取於人者 取諸人以爲善 是與人爲善者也 故君子莫大乎
무비취어인자 취제인이위선 시여인위선자야 고군자막대호

與人爲善
여인위선

맹자께서 말씀하셨다. "공자의 제자인 자로子路는 남이 자신의 잘못을 지적해주면 기뻐했다. 하나라의 우禹임금은 좋은 말을 들으면 그에게 절을 하고 고마워했다. 위대한 순舜임금은 이들보다 더 훌륭한 인물이었다. 그는 선을 행하는 데 있어 남과 자기의 구별이 없었으니, 자신의 잘못을 버리고 남의 옳음을 받아들였으며, 기꺼이 다른 사람의 좋은 점들을 받아들여 스스로 선을 행하였다. 농사를 짓고 질그릇을 굽고 물고기를 잡을 때부터 천자가 될 때까지, 그는 남들로부터 (좋은 점들을) 받아들이지 않은 적이 없었다. 남의 장점을 받아들여 스스로 선을 행하는 것, 이것이야말로 남과 더불어 선을 행하는 것이다. 그러므로 군자의 최고 덕행은 남과 더불어 선을 행하는 것이다. _《맹자》 공손추장구公孫丑章句 상上

남의 의견을 받아들여 선을 실천하는 순임금의 정치야말로 오늘날 민주정치와 비슷한 것 같다. 여러 사람의 의견을 충분히 듣고 그중 좋은 의견을 받아들여 정치에 반영하는 것. 이것이야말로 오늘날 민주정치의 핵심적인 원리이자 위임정치의 가능성을 열어놓은 획기적인 부분이다.

남의 의견을 받아들이는 것은 혼자서만 의사결정을 하지 않는다는 뜻이다. 여러 사람의 중지衆志를 모아 결정하는 게 아무래도 혼자 결정하는 것보다 내용 면에서 뛰어날 수밖에 없다.

혼자서 의사결정을 하는 것이 얼마나 고독하고 힘든 일인지는 경험하지 못한 사람들은 모를 것이다. 더 큰 문제는 남의 의견 가운데 내 의견을 반박하거나 내 잘못을 지적하는 내용이 있을 때다. 이런 경우 상대가 마치 자신의 권위에 도전하기라도 한 양, 발끈하는 사람들이 정말로 많다. 결국 이런 일이 생기는 게 싫어 어떤 사안을 결정할 때 독단적으로 자기 의견을 밀어붙이는 리더가 한둘이 아니다.

한번 남이 제시한 의견을 묵살하면 그 다음부터는 누구도 조언을 하려 하지 않게 된다. 그러다 결국 외로운 독재자로 전락하여 실정을 거듭하는 지도자 혹은 실패를 면치 못하는 경영자로 낙인 찍히고 말 것이다.

　남의 말 한마디에 자존심을 다칠 만큼 스스로에게 자신이 없는 걸까. 조금만 마음을 열면 남과 더불어 선을 행할 수 있을 텐데, 근시안적인 태도가 안타깝기만 하다.

나를 알아보는 이에게 목숨을 바친다
生我者父母 知我者鮑子

鮑叔死 管仲擧上衽而哭之 泣下如雨 從子曰 非君父子也 此
亦有說乎 管仲曰 非夫子所知也 吾嘗與鮑子負販於南陽 吾三辱於市
鮑子不以我爲怯 知我之欲有所明也 鮑子嘗與我有所說王者
而三不見聽 鮑子不以我爲不肖 知我之不遇明君也 鮑子嘗與
我臨財分貨 吾自取多者三 鮑叔不以我爲貪 知我之不足於財也
生我者父母 知我者鮑子也 士爲知己者死 而況爲之哀乎

포숙鮑叔이 죽자 관중管仲이 옷을 걷어 올리고 슬피 울었다. 그 눈물이 마치 비 오듯 했다. 이에 그의 시종이 물었다. "임금도 아비도 아들도 아닌데 그렇게 우시니, 이 역시 무슨 연유가 있어서입니까?" 그러자 관중이 이렇게 말했다. "그대는 알지 못한다. 내 일찍이 포숙과 함께 남양에서 봇짐장사를 할 때, 내가 세 번이나 그 시장에서 모욕을 당했지만 포숙은 나를 나약한 놈이라고 여기지 않았다. 이는 내게 떳떳하고자 하는 명분이 있는 것을 알고 있었기 때문이다. 또 일찍이 포숙과 나는 세 번이나 임금에게 유세를 했지만 세 번 모두 용납되지 못했다. 이때에도 포숙은 나를 불초한 녀석이라고 욕하기는커녕 오히려 명석한 군주를 만나지 못했기 때문이라고 위로했다. 그런가 하면 포숙은 일찍이 나와 재산을 나눌 때 내가 그보다 세 배나 더 많이 가졌건만 나를 탐욕스럽다고 보지 않고 오히려 내게 재물이 부족했기 때문이라고 이해했다. 나를 낳아준 이는 부모이지만 나를 알아준 이는 바로 포숙이였다. 선비는 자기를 알아주는 이를 위해 목숨을 바친다고 했는데 하물며 그를 위해 슬피 우는 일이야 못하겠느냐?"_《설원》 복은 편

우리에게 관포지교管鮑之交로 유명한 일화다. 이보다 더한 교우관계가 또 있을까? 포숙아는 자신이 모시던 공자 소백小白이 임금의 자리에 오른 후, 임금 자리 쟁탈과정에서 그를 화살로 쏘아 죽이려던 관중을 천거해 재상의 자리에 오르게 함으로써 소백이 훗날 제나라 제후 환공桓公이 되어 춘추시대 첫 번째 패권을 쥐게 만들어주기도 했다. 소백의 참모였던 포숙아는 관중이 자기보다 더 유능하다는 것도 알았던 것이다. 어느 누가 그런 양보를 할 수 있을까? 이런 포숙아에 대해 관중은 '나를 낳아준 이는 부모이지만 나를 알아주는 이는 바로 포숙아'였다고 토로했다.

인정認定만큼 상대를 내 편으로 만드는 확실한 약도 없다. 조직원의 가능성을 눈여겨보고 그의 능력을 끝까지 믿고 인정해준다면, 충성을 맹세하지 않을 자가 없을 것이다.

57

어떤 이유에서건 사람이 먼저다
傷人乎 不問馬

廐焚 子退朝曰 傷人乎 不問馬
구 분 자퇴조왈 상인호 불문마

마구간이 불에 탔다. 조정에서 퇴근한 공자께서 말씀하셨다. "사람은 다치지 않았느냐?"라고 물으셨지만, 말에 대해서는 묻지 않으셨다. _《논어》 향당鄕黨 편

공자가 살던 시대, 즉 춘추전국시대에는 말의 가치가 정말 대단했다. 말은 일반인들이 가질 수도 탈 수도 없는 것이었다. 적어도 대부 이상의 신분은 되어야 교통수단으로 허용되는, 사회적 신분의 상징이었다. 또한 말은 출퇴근 시 사용하는 고급 승용차 역할 외에 전시엔 전차戰車를 움직이는 강력한 엔진으로 활용되기도 했다. 그야말로 전투력의 원천, 전쟁에 없어서는 안 될 필수 무기였던 셈이다.

사회계층별로 소유의 한계도 있어서 천자天子는 만승지국萬乘之國, 제후諸侯는 천승지국千乘之國, 대부는 백승지가百

乘之家라고 불렸다. 네 필의 말이 끄는 수레를 일승—乘 혹은 일사—駟라고도 했는데, 말을 특별히 좋아했던 제나라 임금이 죽었을 때 "말이 사천 마리나 있었다齊 景公 有馬千駟"라고 《논어》는 전하고 있다.

전쟁을 일삼던 당시 상황을 고려해볼 때, 마구간에 불이 났는데도 말에 대해서는 아예 묻지도 않고 사람의 안위에 대해서만 물었다는 것은 공자의 인본주의사상이 어느 정도였는지를 짐작하게 한다. 오늘날 기업의 대규모 공장에서 화재가 발생했다면 책임자는 무엇을 먼저 염려할까? 화재로 인한 막대한 재산 피해나 이로 인한 생산 및 판매의 차질일까? 아니면 그곳에서 일하고 있던 근로자의 안위일까? 재산 피해는 복구할 수 있지만, 소중한 인명 피해는 영영 회복이 불가능하다. 그러나 이 사실을 항상 염두에 두고 삶에서 '사람이 우선'이라는 모토를 실천하는 리더는 의외로 많지 않은 것 같다.

格治

3부

이끌어가는 힘

성공한 리더가 되려면 조직부터 성공시켜야 한다
四境之內不治

孟子謂齊宣王曰 王之臣有託其妻子於其友而之楚遊者
맹자위제선왕왈 왕지신유탁기처자어기우이지초유자

比其反也 則凍餒其妻子 則如之何 王曰 棄之 曰 士師不
비기반야 즉동뇌기처자 즉여지하 왕왈 기지 왈 사사불

能治士 則如之何 王曰 已之 曰 四境之內不治 則如之何
능치사 즉여지하 왕왈 이지 왈 사경지내불치 즉여지하

王顧左右而言他
왕고좌우이언타

맹자께서 제나라 선왕宣王에게 말씀하셨다. "왕의 신하 중에 자기 친구에게 처자식을 돌봐달라고 부탁하고 초나라에 놀러간 사람이 있는데, 돌아와 보니 처자식들이 헐벗고 굶주리고 있었다면, 그런 친구를 어떻게 하시겠습니까?" 왕이 말했다. "그런 자와는 절교해야지요!" 맹자께서 말씀하셨다. "형벌을 관장하는 사법관이 자기 부하들을 잘 다스리지 못한다면, 어떻게 하시겠습니까?" 왕이 말했다. "파면시켜버려야지요!" 맹자께서 말씀하셨다. "(정치가 잘못되어) 나라 안이 다스려지지 않고 있다면 어떻게 하시겠습니까?" 왕은 시선을 돌려 좌우를 돌아보면서 화제를 다른 데로 돌려버렸다. _〈맹자〉 양혜왕장구 하下

제나라 선왕은 전쟁을 일삼던 전국시대의 왕이었다. 그에

게는 그 옛날 춘추오패 중 최초로 패권을 쥐었던 제나라 환공桓公의 위업을 재현하고 싶은 마음이 있었다. 맹자는 제선왕에게 "백성들을 잘 먹여주고 신하들을 잘 관리해서 왕도정치를 베푸는 게 우선"이라고 말하지만 제선왕은 향락에만 눈이 어두워 맹자의 말은 귀담아 듣지 않았다.

지도자가 무능하거나 향락에 빠지게 되면 구성원의 운명이 고생길로 접어드는 일은 피할 수 없어진다. 다른 사람의 잘못된 짓을 나무라고 부하의 잘못은 지적하면서도, 스스로의 잘못은 인정하려 하지 않는 리더를 대체 누가 따르겠는가. 핵심적인 문제에 대해서는 눈을 감고, 제 욕심만 채우려 들면서 자기 자리의 영광만 누리려 하는 리더가 다스리는 조직이 과연 온전히 지속되기나 하겠는가.

리더들은 잊지 말아야 한다. 진실로 성공하고 싶다면, 조직부터 성공시켜야 한다. '성공한 조직의 리더'는 있을 수 있지만, '성공한 리더'란 세상에 있을 수 없다.

59 물은 배를 띄우기도, 뒤집기도 한다
水則載舟 水則覆舟

夫君者舟也 庶人者水也 水所以載舟 水所以覆舟 君以此思危
부 군 자 주 야 서 인 자 수 야 수 소 이 재 주 수 소 이 복 주 군 이 차 사 위

則危可知矣
즉 위 가 지 의

무릇 임금이란 배요, 백성들은 물이다. 이 물은 배를 띄워 운행하게도 하지만, 배를 뒤집어엎기도 한다. 임금께서 이를 두고 위태로움을 느낀다면 이는 마음속에 위태로움을 알고 있는 것이다. _《공자가어》 오의해五儀解

　군주가 통치를 잘할 때는 백성들이 알아서 잘 따라오지만, 통치를 잘하지 못할 때는 백성들의 분노가 군주를 뒤집을 수도 있다. 후한 충제沖帝와 질제質帝가 통치하고 양태후楊太后가 수렴청정을 할 무렵, 그의 오빠 양기梁冀가 권력을 멋대로 휘둘러 나라가 위태로운 지경에까지 이르자 황보규皇甫規가 〈대책對策〉을 올려 '무릇 군주는 배요, 백성은 물이고, 여러 신하는 그 배에 탄 승객이고, 장군 양기는 뱃사공이

다. 전심전력을 다하여 배를 저어야지, 태만하고 거들먹거리기만 한다면 장차 거센 물결에 배가 가라앉을 수도 있다'라고 하면서 장군 양기의 전횡을 비판했다고 한다.

왕정시대에도 저런 이야기가 나올 정도였는데, 하물며 민주주의가 정착된 오늘날에는 더 말할 나위조차 없을 것이다. 국민의 삶을 챙기지 못하고 민의를 받들지 못하는 정치인들은 투표로서 심판받는다. 기업에서도 다를 바 없다. 가장 무서운 '물'은 소비자다. 품질과 가격으로 승부하지 못하면 고객은 미련 없이 떠나고, 기업은 저절로 가라앉는 배가 되고 만다. 무서운 물은 이외에도 많다. 회사의 직원들, 협력업체들, 금융기관들 등 많은 이해관계자들로부터 신뢰를 잃을 때 기업은 가라앉게 마련이다.

물은 배를 띄울 수도 있지만 배를 뒤집어엎을 수도 있다는 시퍼런 진실. 당신은 물을 잘 다스려 힘차게 앞으로 나아가는 배인가, 아니면 물에 떠밀려 불안하게 흔들리는 배인가.

60

임금 노릇하기 힘들다는 걸 아는 것만으로도
爲君難 爲臣不易

定公問 一言以可以興邦 有諸 孔子對曰 言不可以 若是其幾也
정공문 일언이가이흥방 유저 공자대왈 언불가이 약시기기야
人之言曰 爲君難 爲臣不易 如知爲君之難也 不幾乎一言以興邦
인지언왈 위군난 위신불이 여지위군지난야 불기호일언이흥방
乎 曰 一言以喪邦 有諸 孔子對曰 言不可以若是其幾也 人之言曰
호 왈 일언이상방 유저 공자대왈 언불가이약시기기야 인지언왈
予無樂乎爲君 唯其言而莫予違也 如其善而莫之違也 不亦善乎
여무락호위군 유기언이막여위야 여기선이막지위야 불역선호
如不善而莫之違也 不幾乎一言而喪邦乎
여불선이막지위야 불기호일언이상방호

정공定公이 여쭈었다. "한마디로 나라를 일으킬 수 있다는데 그런 말이 있을까요?" 공자께서 대답하셨다. "말이란 그처럼 한마디로 뜻을 나타낼 수 없습니다만, 어떤 사람이 말하기를 '임금 노릇하기도 어렵고, 신하 노릇하기도 쉽지 않다'라고 했습니다. 만약 임금 노릇하기가 어렵다는 것을 안다면 이 한마디로 나라를 일으키는 데 가깝지 않겠습니까?" "한마디로 나라를 잃게 될 만한 말이 있을까요?" 공자께서 대답하셨다. "말이란 그처럼 한마디로 뜻을 말할 수는 없겠지만, 어떤 사람이 말하기를 '나는 임금 노릇하는 데 다른 즐거움이 없고, 다만 내가 말하기만 하면 아무도 어기지 않는 것뿐이다'라고 하였습니다. 만약 그 말이 훌륭하여 아무도 그 말을 어기지 않는다면 매우 좋은 일 아니겠습니까? 만약 훌륭하지 않은데도 아무도 그것을 어기지 않는다면 한마디로 나라를 잃게 되는 말 아니겠습니까?" _《논어》 자로 편

남을 다스리는 자리에 있는 사람들이 자기가 맡은 일이 얼마나 중요한지를 깨닫고 맡은 바 직무를 제대로 수행하는 것은 결코 쉬운 일이 아니다. 처음 리더 자리에 오를 때는 두려움과 기쁨이 교차하며 수없이 마음가짐을 점검해보지만, 막상 시간이 흐르면 자기 자리의 중요성에 대해 간과하는 경우가 비일비재하다.

공자는 '임금 노릇하기 어렵고 신하 노릇하기도 쉽지 않다'라는 말 한마디가 나라를 일으킨다고 했고, '나는 임금 노릇하는 데 다른 즐거움이 없고, 다만 내가 하는 말을 아무도 어기지 않아서 좋다'라는 말 한마디가 나라를 잃게 만든다고 했다. 리더가 자기 자리의 중요성을 인식하지 못하고 권력의 서릿발 같은 속성을 망각하는 순간, 조직은 여지없이 무너진다. 좀 더 신중하고 겸허한 태도를 갖출 필요가 있다.

내 몸을 닦은 후에 집을 가지런히 한다
修身齊家治國平天下

古之欲明明德於天下者 先治其國 欲治其國者 先齊其家
고지욕명명덕어천하자 선치기국 욕치기국자 선제기가

欲齊其家者 先修其身 欲修其身者 先正其心 欲正其心者
욕제기가자 선수기신 욕수기신자 선정기심 욕정기심자

先正其意 欲誠其意者 先致其知 致知在格物 物格而后知至
선정기의 욕성기의자 선치기지 치지재격물 물격이후지지

知至而后意誠 意誠而后心正 心正而后身修 身修而后家齊 家
지지이후의성 의성이후심정 심정이후수신 신수이후가제 가

齊而后國治 國治而后天下平
제이후국치 국치이후천하평

옛날에 밝았던 덕을 천하에 다시 밝히고자 하는 자는 먼저 그 나라를 다스리고, 그 나라를 다스리고자 하는 자는 먼저 그 집을 가지런하게 하며, 그 집을 가지런하게 하고자 하는 자는 먼저 그 몸을 닦고, 그 몸을 닦고자 하는 자는 먼저 그 뜻을 정성되게 하고, 그 뜻을 정성되게 하고자 하는 자는 먼저 그 지혜를 이룬다. 지혜를 이루는 것은 사물을 연구하는 데 있다. 사물이 연구된 후에 지혜가 이루어지고, 지혜가 이루어진 후에 뜻이 정성스러워지며, 뜻이 정성스러워진 후에 마음이 바루어지고, 마음이 바루어진 후에 몸이 닦이며, 몸이 닦인 후에 집이 가지런해지고, 집이 가지런해진 후에 나라가 다스려지며, 나라가 다스려진 후에 천하가 화평해진다. _《대학大學》경經 1장

여기서 우리가 주목할 부분이 하나 있다. 우리가 흔히 말하는 '수신제가치국평천하修身齊家治國平天下'에서 제가齊家란 '집을 가지런히 하다'로 해석하지만, 당시 집家은 요즘의 가족이나 가정을 뜻하는 게 아니었다.

천자天子가 다스리던 지역을 천하天下라 하고, 그 천하의 구성단위인 제후국諸侯國을 나라國라 했으며, 그 나라의 구성단위가 집이었다. 집은 대부가 다스리던 제후국의 행정단위로서 대소의 차이는 있지만 제후국의 십분의 일쯤 된다. 따라서 수신제가치국평천하는 규모가 큰 행정단위를 다스리려면 먼저 그보다 작은 규모의 행정단위를 잘 다스리는 능력이 있어야 한다는 뜻으로 해석해도 좋을 것 같다.

그렇다. 작은 조직을 성공적으로 이끈 경험이 있는 리더는 큰 조직을 이끌어가기 위한 최소한의 자격을 획득한 셈이다. 구성원이 한 명이건, 두 명이건 일단 내게 맡겨진 조직을 잘 끌어가야만 그 다음 도약에 나설 수 있다는 것이다. 맨 처음 리더의 지위를 얻게 된 분들이 반드시 새겨들어야 할 말씀이다.

62 오로지 네 가지를 끊어라
毋意 毋必 毋固 毋我

子絶四 毋意 毋必 毋固 毋我
자 절 사 무 의 무 필 무 고 무 아

공자께서 다음 네 가지를 끊으셨으니, 자의가 없었고 기필코 하려는 게 없었고 고집이 없었고 사아私我가 없었다. _《논어》자한 편

한마디로 자의적인 행동을 하지 않았고, 무리하지 않았고, 내 생각만 고집하지 않았고, 또 개인적인 이익을 주장하지 않았다는 것이다. 《논어》이인 편에도 "군자는 천하의 일에 대하여, 꼭 해야겠다는 것도 없고 절대로 안 된다는 것도 없으며 의로움만을 따른다君子之於天下也 無適也 無莫也 義之與比"라는 표현이 보이는데 아울러 참고할 만한 말씀이다. 모두 의로움에 따라 행동하는 군자의 태도를 말하는 것이기도 하지만, 순리에 따라야 한다는 평범한 말씀으로 풀이해도 좋을 것이다.

나만 옳고 상대방은 그르다고 생각하며, 내 의견대로 모든 일을 끌고 가려는 사람. 이 방향이 아니면 안 된다고 우기는 사람. 자기 밥그릇만 챙기려는 사람. 이런 사람은 그 존재만으로도 주변인들에게 커다란 스트레스를 안겨준다. 하물며 이런 사람이 조직의 리더라면 더 말할 것도 없을 것이다.

 일을 하면서 논쟁을 벌이다 한 번쯤 지면 또 어떠랴. 자존심이 밥 먹여주는 것도 아닌데 말이다. 중요한 것은 모두에게 이로운 방향이 내게도 가장 이로운 방향이라는 것이다. 제발 고집을 접고 남의 이야기도 좀 듣자.

나보다 유능하지 못한 이에게 물어라
以能問於不能 以多問於寡

曾子曰 以能問於不能 以多問於寡 有若無 實若虛 犯而不校
昔者吾友嘗從事於斯矣

증자가 말했다. "유능하지만 나보다 유능하지 못한 사람에게 묻고, (견문과 학식이) 많지만 나보다 적은 사람에게 물으며, 있어도 없는 것처럼 하고, 가득 찼어도 빈 것처럼 하며, 남이 덤비더라도 따지지 않는다. 옛날에 내 친구가 일찍이 이런 일에 종사했다."_《논어》 태백 편

유능한 내가 유능하지 못한 그에게 물어야 하는 이유는 간단하다. 바로 그의 마음이 어디에 있는지 알아내 원활한 소통을 하기 위해서다. 리더와 부하 간은 물론 동료 간에도 서로 소통하지 못하면 둘의 관계는 겉돌고, 결국 조직의 결속력도 망가진다. 또 견문과 학식이 높은 내가 그렇지 못한 사람에게 물어야 하는 것은 내 시각에서 간과한 점이 있는

지 파악하기 위해서다.

경직된 사회일수록 서로가 통하지 못하고 아랫사람은 윗사람의 지시나 훈시를 기다리며 소극적으로 일하려 한다. 때문에 어느 관계에서나 우월적 지위를 갖는 사람들이야말로 훌륭한 의견을 들으려면 짐짓 많이 알지 못하는 것처럼 행동할 필요가 있다.

기업의 최고책임자는 알고서도 모른 체, 정보가 많아도 없는 듯, 늘 경청傾聽하는 자세로 조직원들의 의견을 듣는 인내심을 발휘해야 원활한 소통을 이어갈 수 있다. 권위를 자랑하는 리더에게는 누구도 바른 의견을 내놓기 힘들다. 리더의 잘못된 의사결정을 저지하고 바른 방향으로 가려 해도 권위적인 분위기에서는 불가능하기 때문이다.

원만한 경영에 실패했던 우리나라 기업들은 대개 창업주의 불통 경영에 문제가 있었다. 그 옛날 황제 경영의 단점을 고스란히 답습한 결과 아니겠는가? 모름지기 리더라면 귀를 크게 열어놓되 입은 작게 하여, 조직을 백가쟁명百家爭鳴의 활발한 토론장으로 이끌어가야 한다.

잘 맡기면 편하다
任力者 固勞 任人者 固佚

宓子賤治單父 彈鳴琴 身不下堂而單父治 巫馬期亦治單父 以
복자천치선보 탄명금 신불하당이선보치 무마기역치선보 이

星出 以星入 日夜不處 以身親之 而單父亦治 巫馬期問其故
성출 이성입 일야불처 이신친지 이선보역치 무마기문기고

於宓子賤 宓子賤曰 我之謂任人 子之謂任力 任力者固勞
어복자천 복자천왈 아지위임인 자지위임력 임력자고로

任人者固佚
임인자고일

공자의 제자인 복자천宓子賤이 선보單父의 땅을 다스리면서 다만 거문고만 탈 뿐 직접 당 아래에 내려오지도 않았건만 그 땅이 잘 다스려졌다. 한편 무마기는 선보의 땅을 다스릴 때 별이 지지 않은 새벽에 일어나 다시 별이 떠야 들어가면서 밤낮으로 선보를 다스렸는데, 역시 잘 다스려졌다. 이상하게 생각한 무마기가 복자천에게 그 이유를 물었다. 복자천은 이렇게 대답했다. "나는 사람에게 일을 맡겼고, 그대는 힘에 일을 맡겼기 때문이오! 힘에게 맡기면 진실로 수고롭지만, 사람에게 맡기면 편안하지요!" _《설원》 정리政理 편

복자천은 선보 지역을 다스리면서 아예 땅에 내려오지도 않고, 시간 나면 거문고나 탈 뿐 꼼짝도 하지 않았다. 그럼에

도 그 지역이 잘 다스려져 칭송을 받은 비결은 무엇이었을까? 바로 직접 나서지 않고 유능한 인재를 기용해 그들에게 전적으로 일 처리를 위임했기 때문이다. 한편 무마기는 새벽에 별을 보며 일터로 나가, 별이 다시 뜨는 저녁 늦게까지 쉬지도 못하고 열심히 뛰어다니며 임무를 수행했다. 비록 다스려지기는 했지만 지극히 잘하는 데에는 이르지 못했다. 같은 지역을 다스렸지만 그 성과는 달랐는데, 그 차이는 바로 '위임 경영'에 있었다.

성공하는 리더는 모든 일을 직접 하기보다 분야별로 전문가의 능력을 동원한다. 리더는 삼각형의 빗변과 같다. 빗변은 나머지 두 변(구성원)의 합보다 절대 클 수가 없는 법이다. 어진 이를 등용하는 것은 만복의 근원이며 세상을 밝게 볼 수 있는 기틀이다.

성공하는 리더는 맡은 일을 혼자서 하지 않는다. 더 많은 사람들의 지혜와 경험을 활용하고, 그들의 열정과 참여의식을 통해 위임 경영의 장점을 이끌어내는 모범을 보인다. 정치나 기업 경영이나 힘에 일을 맡기는 무마기 스타일이 아니라 사람에 힘을 맡기는 복자천 스타일을 지향해야 한다.

65

다 된 일은 논의하지 않는다
成事不說 遂事不諫 旣往不咎

哀公問社於宰我 宰我對曰 夏后氏以松 殷人以柏 周人以栗
애공문사어재아 재아대왈 하후씨이송 은인이백 주인이율
曰 使民戰栗 子聞之曰 成事不說 遂事不諫 旣往不咎
왈 사민전율 자문지왈 성사불설 수사불간 기왕불구

노나라 임금 애공哀公이 재아宰我에게 사社에 대해 묻자, 재아가 대답했다. "하나라 임금은 소나무를 심었고 은나라 사람들은 잣나무를 심었는데, 주나라 사람들은 밤나무를 심었습니다." 또 이르기를 "백성들로 하여금 두려워 떨게 하려는 것이었다고 합니다." 이를 듣고 공자께서 말씀하셨다. "다 된 것은 논의하지 말 것이며, 끝난 일은 간諫하지 말 것이며, 지난 일은 탓하지 말아야 한다." _《논어》 팔일편

사社란 역대 왕조의 임금이 토지의 신을 모시는 곳으로, 적당한 곳에 단壇을 쌓고 알맞은 나무를 심어 마련한다. 재아는 공자의 제자로서 성은 재宰, 이름은 여予, 자字는 자아子我이다. 노나라 사람으로 말을 잘하기로 유명했는데, 당시 예에 어긋나는 짓을 주장해 스승 공자로부터 꾸지람을 많이

받은 것으로 알려져 있다.

사에는 그곳 토지와 기후에 맞는 나무를 심는 게 상례였는데, 재아는 '밤나무 율栗'이 '두려워 떤다'는 뜻의 '율慄'과 통한다면서, 위와 같이 멋대로 해석을 하고 있다. 물론 옛날에 사에서 범죄자를 처형한 일도 있긴 했으니 주나라가 사에 밤나무를 심은 까닭을 설명한 재아의 말에도 일리는 있지만, 옛 일을 구태여 나쁜 방향으로 해석하는 제자의 태도를 공자께서 못마땅하게 여긴 것 또한 사실이다.

이미 지나간 일을 뒤바꿀 수는 없다. 일이 잘못되면 그렇게 된 원인을 낱낱이 뒤지고 살펴 추후 유사한 경우가 없도록 대비하는 게 바람직하다. 이미 지나간 일을 간하거나, 나무라거나, 허물을 끄집어내는 것이 대체 무슨 소용이란 말인가. 물 건너간 일은 잊고 더 진취적인 일에 뛰어들기에도 시간은 턱없이 모자라다.

66

모두가 좋아하건 싫어하건 속단하지 마라

鄕人之善者 好之 其不善者 惡之

子貢問曰 鄕人皆好之 何如 子曰 未可也 鄕人皆惡之 何如 子
자공문왈 향인개호지 하여 자왈 미가야 향인개오지 하여 자
曰 未可也 不如鄕人之善者 好之 其不善者 惡之
왈 미가야 불여향인지선자 호지 기불선자 오지

자공이 여쭈었다. "마을 사람들이 모두 좋아하는 사람이라면 어떻습니까?" 공자께서 말씀하시기를 "안 된다." "마을 사람들이 모두 미워하는 사람이라면 어떻습니까?" 공자께서 말씀하시기를 "안 된다. 마을 사람들 중에서 선한 사람이 좋아하고, 선하지 않은 사람이 미워하는 것만 못하다." _《논어》자로 편

모든 사람들이 다 좋아하는 사람은 과연 좋은 사람일까? 모든 사람들이 좋아하는 사람은 따지고 보면 이해관계에서 상충相衝되지 않는 무난한 입장을 취하는 사람이라고 할 수 있다. 조금이라도 부딪치는 사이라면 결코 좋아할 수 없기 때문이다. 결국 남의 비위를 잘 맞추긴 하지만, 옳은 말은 하지 않는 사람이 모든 사람의 사랑을 받는다. 진정으로 옳은

일을 하는 사람은 선한 사람들에게선 사랑과 지지를 받지만, 선하지 않은 사람들에게선 미움을 받을 수밖에 없다.

우리는 주변에서 이런 무골호인無骨好人들을 종종 만난다. 이들은 대체로 술자리 등 사교적인 모임에서는 좌중을 주도하지만, 정작 중요한 문제가 닥쳤을 때는 주도적인 역할을 하지 못하는 경우가 많다.

묵묵히 자기가 해야 할 일을 수행하면서도 옳고 그름을 판단할 줄 아는 사람. 이런 사람이 되어야 하는 것은 물론 이런 사람과 함께해야 어떤 조직이든 제대로 굴러가게 마련이다. 지금 주변에 인기가 너무 높은 사람이 있다면, 다시 한번 그를 살펴볼 일이다.

67

사람마다 눈높이가 다르다는 점을 기억하라
聞斯行諸

子路問聞斯行諸 子曰 有父兄在 如之何其聞斯行之 冉有問聞
자로문문사행저 자왈 유부형재 여지하기문사행지 염유문문

斯行諸 子曰 聞斯行之 公西華曰 仲有問聞斯行諸 子曰
사행저 자왈 문사행지 공서화왈 중유문문사행저 자왈

有父兄在 求也問聞斯行諸 子曰 聞斯行之 赤也惑 敢問 子曰
유부형재 구야문문사행저 자왈 문사행지 적야혹 감문 자왈

求也退 故進之 由也 兼人 故退之
구야퇴 고진지 유야 겸인 고퇴지

자로가 "들으면 곧 행해야 합니까?" 하고 여쭙자 공자께서 말씀하셨다. "부형이 계신데 어떻게 듣고 곧 행하겠느냐?" 염유冉有가 "들으면 곧 행해야 합니까?" 하고 여쭙자 공자께서 말씀하셨다. "들으면 곧 행해야 한다." 공서화公西華가 여쭈었다. "유(자로)가 '들으면 곧 행해야 합니까?' 하고 여쭈었을 때는 선생님께서 '부형이 계신데 어찌 들은 것을 곧 행할 수 있겠느냐?' 하고 말씀하셨고, 구(염유)가 '들으면 곧 행해야 합니까?' 하고 여쭈었을 때는 '들으면 곧 행해야 한다'라고 말씀하시니 저 적(공서화)은 당혹스러워 감히 여쭙습니다." 공자께서 말씀하셨다. "구는 물러나므로 나아가게 한 것이고, 유는 남보다 배는 앞서 가므로 물러나게 한 것이다." _《논어》 선진 편

　　같은 질문에 공자는 서로 다른 답변을 내놓고 있다. 단순

히 지식을 전수하는 게 아니라 배우는 사람의 성격과 상황에 맞춰 각기 다른 해법을 알려주려는 의도일 것이다. 요즘으로 치면 '눈높이 교육'이라 할 수도 있겠다.

똑같은 상황에서 의사결정을 해야 할 때 사람마다 가진 자질과 성품이 다르기에 완벽한 정답을 찾는 일은 거의 불가능할 수 있다. 소심한 누군가에게는 "들으면 곧 행하라"라고 해야 하지만, 경솔한 누군가에게는 "듣는다고 곧 행해선 안 된다"라고 제재를 해야 하는 것이다. 리더에게 정확한 판단력과 유연한 사고가 필요한 것도 이 때문이다.

혼자보다는 둘, 둘보다는 셋
草創 討論 修飾 潤色

子曰 爲命 裨諶 草創之 世叔 討論之 行人子羽 修飾之 東里
자왈 위명 비심 초창지 세숙 토론지 행인자우 수식지 동리
子産 潤色之
자산 윤색지

공자께서 말씀하셨다. "(정나라에서) 외교문서를 작성할 때는 비심裨諶이 초안을 작성하고, 세숙世叔이 자세히 검토했고, 외교가인 자우子羽가 자구와 내용을 수정하였으며, 재상인 동리자산東里子産이 윤색(문장을 매끄럽고 적절하게 고침)을 했다." _《논어》 헌문 편

군웅이 할거하던 춘추전국시대. 정鄭나라는 문화적으로는 선진국 대열에 포함됐지만, 진나라와 초나라, 제나라 등 힘센 제후국 사이에서 눈치를 보며 살아가야 하는 처지였다. 따라서 나라의 존립을 위해서는 외교문서 작성에 많은 노력을 기울일 수밖에 없었다. 침략을 받았을 때 나머지 제후국으로부터 지원을 받는 게 중요했기 때문이다. 그래서

외교문서를 작성할 때에는 실력 있는 대부 네 명이 작성했는데, 창의력이 뛰어난 대부 비심이 초안을 작성하면, 이어서 성격이 치밀한 대부 세숙이 이 내용을 자세히 검토하고, 외교가인 자우가 내용을 풍요롭게 꾸미는 일을 끝낸 후, 마지막으로 재상인 동리자산이 문장 표현을 매끄럽고 적절하게 다듬었다.

외교문서라 하면 흔히 설득력 있게 글을 잘 쓰는 한 사람이 작성할 것으로 생각하기 쉽다. 그런데 이렇게 각기 다른 강점을 지닌 네 사람의 힘이 합쳐지니 최고의 문서가 만들어진 것이다. 아무리 잘난 사람이라도 다수의 능력을 따라갈 순 없다. 혼자보다는 둘, 둘보다는 셋이 모였을 때, 그리고 이들이 각자 자신에게 딱 맞는 임무를 부여받아 좋은 시너지를 냈을 때, 훨씬 위대한 잠재력이 발휘되는 법이다.

69

못난 리더를 만나면 부하의 노력이 사라진다
擧直錯諸枉 則民服

哀公 問曰 何爲則民服 公子對曰 擧直錯諸枉 則民服 擧枉錯
애공 문왈 하위즉민복 공자대왈 거직조저왕 즉민복 거왕조

諸直 則民不服
저직 즉민불복

애공이 여쭙길 "어떻게 해야 백성이 따르겠습니까?" 공자께서 답하시길 "곧은 이를 천거해 그릇된 자들의 위에 놓으면 백성이 따르고, 그릇된 자를 천거해 곧은 이들 위에 놓으면 백성이 따르지 않습니다."_《논어》 위정爲政 편

잘못된 인사는 특히 위기에 처한 기업에서 그 폐단을 반드시 드러내게 마련이다. 필요한 의사소통이 활발하게 이뤄지지 않아 엉터리 결정이 많이 이루어지기 때문이다. '황제경영'의 무소불위 인사 행태는 승승장구하던 많은 기업들이 1997년 말 외환위기 때 하루아침에 사라져버린 원인으로 지적됐다.

공자의 가르침은 군주를 무시하고 노나라 정치를 좌지우

지한 대부 계강자와의 문답에서도 엿볼 수 있다. 같은 위정편에 보면, 계강자가 "백성이 나를 공경하고 충성하며 (나를 위해) 부지런히 힘쓰게 하려면 어떻게 해야 합니까使民敬忠以勤 如之何?"라고 묻자 공자는 "백성을 엄숙하게 대하면 공경을 받고, 효성스럽고 자애롭게 대하면 충성을 바치며, 훌륭한 이들을 등용해 무능한 이들을 가르쳐주면 부지런히 힘쓰게 된다臨之以莊 則敬 孝慈 則忠 擧善 而敎不能 則勸"라고 답한다.

못난 지도자가 이끄는 경직된 사회와 조직에서 구성원의 자발적인 노력을 기대하기란 불가능하다. 윗물이 맑으면 아랫물이 더러울 수가 없다. 우리 회사, 내가 몸담은 조직의 인재 발탁 기준을 다시 한 번 돌아보아야 하는 이유다.

대인은 지름길을 가지 않는다
行不由徑

子游爲武城宰 子曰 女得人焉爾乎 曰 有澹臺滅明者 行不由徑
자유위무성재 자왈 여득인언이호 왈 유담대멸명자 행불유경
非公事未嘗至於偃之室也
비공사미상지어언지실야

자유가 무성의 읍재邑宰가 되었을 때 공자께서 말씀하셨다. "너는 거기에서 인재를 얻었느냐?" 자유가 말하길 "담대멸명澹臺滅明이라는 사람이 있는데 길을 가도 지름길을 가지 않으며, 공적인 일이 아니면 아직까지 제 집에 찾아온 적이 없습니다."_《논어》옹야 편

아무리 작은 규모의 조직이라 해도 리더 한 사람의 힘만으로는 원만한 행정업무를 수행할 수 없다. 여러 사람들의 노력을 한 데 모을 줄 알아야 하는데, 공자의 제자인 자유는 아마도 스승의 가르침을 성실하게 이행했던 것 같다. 맡은 일에 철저하면서도, 아무리 바빠도 정도를 벗어나 약삭빠르게 지름길로 질러가지 않고, 공적인 일이 아니면 절대로 윗

사람의 집에 찾아가지 않을 정도로 강직한 부하인 담대멸명을 얻었다니, 그는 참으로 행복한 리더라 하겠다.

무성이라는 곳은 노나라의 작은 고을이었지만 자유 같은 훌륭한 지도자가 부임하면서 그간 없던 선정이 베풀어졌던 곳으로 유명하다. 자유는 예악으로 고을을 다스렸는데 공자께서 방문했을 때 마을에서 현악 소리를 듣고 "닭 잡는 데 어찌 소 잡는 칼을 사용하느냐割鷄焉用牛刀?"라는 농담을 건넸다가 곧 제자 자유에게 사과까지 한, 바로 그 고을이기도 하다.

아무튼 요즘에는 자신의 실력은 제대로 고려하지도 않고 무조건 중요한 직책을 맡고 싶어 안달인 사람들이 너무나 많다. 그 정도로 자신의 실력을 과신하는 건지 때론 궁금할 지경이다.

좋은 지위를 얻기 위해 꼼수를 부리는 부하를 멀리할 일이다. 사적인 일로 윗사람 집에 들르는 부하들이 적을수록, 그 조직의 미래가 밝다는 건 누가 봐도 자명한 일이다.

71 서두르다 발을 헛디딜 수 있다
揠苗助長

宋人有閔其苗之不長而揠之者 茫茫然歸 謂其人曰 今日病矣
송인유민기묘지부장이알지자 망망연귀 위기인왈 금일병의

予助苗長矣 其子趨而往視之 苗則槁矣 天下之不助苗長者
여조묘장의 기자추이왕시지 묘즉고의 천하지부조묘장자

寡矣 以爲無益而舍之者 不耘苗者也 苗之長者 揠苗者也
과의 이위무익이사지자 불운묘자야 묘지장자 알묘자야

非徒無益 而又害之
비도무익 이우해지

송나라에 곡식의 싹이 빨리 자라지 않는 것을 안타깝게 여겨 싹을 뽑아 올린 사람이 있었다. 그는 그 작업을 마친 후 지친 모습으로 집에 돌아가 집안 사람들에게 말했다. "오늘은 몹시 피곤하구나. 내가 곡식의 싹이 자라도록 도와주었다" 그 아들이 놀라 뛰어가서 살펴보니 싹은 이미 말라버린 뒤였다. 세상에는 곡식의 싹이 자라도록 돕지 않는 사람이 별로 없다. 기氣를 기르는 것이 무익하다고 생각해 그대로 내버려두는 사람은, 보리가 자라도록 김을 매어주지 않고 내버려두는 사람과 같고, 그것이 자라는 이치를 무시하고 그것의 성장을 도와주려는 사람은 성급하게 싹을 뽑아 올리는 사람과 같다. 그러한 행위는 무익할뿐더러 도리어 그것을 해치게 된다. _《맹자》 공손추장구 상

일을 그르치고 싶다면 일단 서둘러라. 매사 순리를 따지

지 않고 빨리빨리 달성하려 하면 오히려 되는 일이 없다.

경영을 하다 보면 이런 사례를 특히 많이 본다. 기업을 일으킨 창업자들은 대부분 차분하게 사업을 일으켜 탄탄한 성장을 도모하는 편이지만, 형제끼리 분가해서 새로운 기업군을 형성하는 기업인들은 대개 창업 그룹과의 상대적 경쟁심 때문에 성장을 서두르려는 경향이 크다.

서두르다 보면 내실을 다지지 못하고 과속 성장을 추진할 수밖에 없다. 대부분 여기서 과오를 피하기 어려워 성장에 차질을 초래함은 물론 기업의 존립까지 걱정해야 할 지경에 이르는 경우가 상당히 많다.

오늘날에는 이 조장助長이라는 말이 부정적 사안에 해당하는 표현으로 변질되어 '성장을 도와주다'라는 원래 뜻보다는 '바람직하지 못한 일을 부추기다'라는 뜻으로 사용된다. 어떤 경우라도 알묘조장揠苗助長의 어리석음을 범하지 말아야 한다. 욕속즉 부달欲速則 不達, 즉 급히 서두르다 보면 아예 목적지에 도달하지 못하는 일이 허다하다. 순리대로 하면 틀어질 일이 전혀 없는데 말이다.

72

리더가 원칙을 지켜야 조직이 바로 선다
其身正 不令而行

子曰 其身正 不令而行 其身不正 雖令不從
자왈 기신정 불령이행 기신부정 수령부종

지도자의 처신이 바르면 명령이 없어도 스스로 이행하지만, 지도자의 처신이 바르지 못하면 비록 명령을 내려도 따르지 않는다. _《논어》자로 편

짧지만 리더십의 본질을 꿰뚫는 말씀이다. 큰 조직에서든 작은 조직에서든 리더의 일거수일투족은 구성원들에게 하나의 행동 기준이 된다. 때문에 리더가 원칙을 지켜야만 조직이 바로 선다.

비슷한 뜻의 고사故事는 수도 없이 많다. 그중 하나가 '정치란 원래 바르게 하는 것이다政者正也'라는《논어》의 한 구절이다. 노나라에서 대신인 계강자가 군주의 권력을 빼앗아 국정을 좌지우지하고 있을 때였다. 나라의 기강이 흔들리고 혼란스러워지자 계강자는 이를 해결하고자 공자에게 찾아

가 해법을 물었다. 이런 그에게 공자는 "지도자가 원칙을 어기면 나라가 어지러운 것은 당연한 일"이라며 직설적인 충언을 던졌다. 지도자가 바르게 행동하면 다른 사람들은 절대로 정상상태를 이탈하지 않는 것은 물론, 오히려 자발적으로 더 열심히 일하게 된다는 것이다.

공자의 제자인 중궁仲弓도 대부 계씨에게 등용돼 부임하기 전 스승에게 정치에 대해 물었다. 공자는 "기존의 관원들에게 솔선수범하고 작은 허물은 용서해주며, 어진 인재를 등용하라先有司 赦小過 擧賢才"고 말했다. 지도자가 솔선수범하지 않으면 아랫사람을 지휘할 수 없다는 사실, 스스로의 허물은 보지 못한 채 아랫사람의 작은 허물을 용서하지 않으면 부하들이 마음을 다해 따르지 않을 것이란 사실, 훌륭한 인재를 등용해야만 조직이 제대로 돌아갈 것이란 사실을 누구보다 잘 알았던 현자의 대답이었다.

73

소를 고를 때도
출신은 보지 않는데, 하물며
犁牛之子 騂且角 雖欲勿用 山川其舍諸

子謂仲弓曰 犁牛之子 騂且角 雖欲勿用 山川其舍諸
자위중궁왈 리우지자 성차각 수욕물용 산천기사저

공자께서 중궁을 다음과 같이 평하여 말씀하셨다. "얼룩소 새끼라도 털 붉고 뿔이 반듯하다면 비록 쓰지 않으려 해도 산천의 신이 그대로 내버려두겠느냐." _〈논어〉옹야 편

옛날 중국의 주 왕조에서는 제물로 바치는 희생우犧牲牛로 '털빛이 붉고 뿔이 반듯하게 난 소'를 썼다고 한다. 따라서 털빛이 잡색인 얼룩소는 제물로 쓰이지 않았다. "얼룩소가 낳은 새끼라 해도 털빛이 붉고 뿔이 반듯하게 났다면 사람들이 제물로 쓰지 않으려 해도 산천(의 신)이 그냥 내버려두겠느냐?"는 말은 그 소의 출생 배경, 즉 과거가 중요한 게 아니라 그 소의 현재 상태가 중요하다는 것을 의미한다. 얼룩소가 낳은 송아지라 해도 털빛이 붉을 수 있기 때문이다.

제물로 쓰는 소를 선택할 때도 실질적인 조건이 중요한데, 하물며 인재 등용에 있어서야 두말할 필요가 있을까.

당시 미천한 출신의 중궁이 주변사람들에게 차별받는다는 이야기를 들은 공자는 이를 매우 안타깝게 생각했던 모양이다. 중궁이란 제자는 스승인 공자로부터 '옹(중궁)은 군왕이 되고도 남을 인재雍也可使南面'라는 극찬을 받은 수제자 중 하나였다.

능력을 인재 등용의 절대적인 기준으로 삼아야 한다는 것. 2,000여 년 전에도 알고 있던 사실을 우리는 오늘날에도 제대로 실천하지 못하고 있다. 국가는 물론 기업 등 여러 조직사회에서 인재를 등용할 때 아직도 삼문三門, 즉 동문同門(학연), 이문里門(지연), 가문家門(혈연) 등 각종 과거 지향적인 인연을 중시하고 있는 게 현실이다. 중궁 같은 천하의 인재를 얼마나 더 놓쳐야 정신을 차릴 셈인가.

74

만물은 저절로 크지 않는다

苗而不秀者 秀而不實者

子曰 苗而不秀者 有矣夫 秀而不實者 有矣夫
자왈 묘이불수자 유의부 수이불실자 유의부

공자께서 말씀하셨다. "싹이 자라났어도 이삭이 패지 않는 것도 있고, 이삭은 팼지만 열매를 맺지 못하는 것도 있다." _《논어》 자한편

 씨앗을 심으면 싹이 나고, 싹이 나면 꽃이 피고, 꽃이 피면 열매가 저절로 맺힐 것이라 지레짐작했다가는 큰 낭패를 볼 수 있다. 씨앗을 심어 꽃까지 피웠지만, 정작 결실의 계절에 열매를 얻지 못하는 경우가 허다하다. 왜 그럴까? 처음부터 싹이 충실하지 못했을 수도 있고, 물이나 양분이 부족했기 때문일 수도 있다. 무엇보다 제대로 기르지 못한 책임이 클 것이다.

 사람도 그렇다. 초년생 시절 주위로부터 각광받고 유망주로 불리던 사람이 증견사원이 되어서는 처음의 기대와 달리

발전하지 못하는 경우를 흔히 본다. 또 중견사원 때까지는 절대적 인정을 받던 사원이 막상 조직 내의 중요한 역할을 담당할 부서장이나 임원의 자격을 갖추지 못한 채 웃자라는 경우도 많다.

조직생활에서 두각을 나타내던 인재가 점차 평범한 존재로 전락하는 것은 무척이나 안타까운 일이다. 하지만 개인을 탓할 수만은 없다. 화초를 심어 놓기만 하고 저절로 자라기만 바라는 건 도박과도 같다. 화초는 충분한 수분과 양분 그리고 따뜻한 관심을 받아야만 정상적으로 성장해서 결실을 맺을 수 있다. 인재 역시 스스로 크지 않는다. 적어도 20~30년간 지속적으로 관리를 해주어야만 거목이 될 수 있다. 리더라면 참을성부터 키울 일이다.

75

성공한 리더 중에
팔랑귀는 없었다
三人成虎

龐恭與太子質於邯鄲 謂魏王曰 今一人言市有虎 王信之乎 曰
不信 二人言市有虎 王信之乎 曰不信 三人言市有虎 王信之乎
王曰 寡人信之 龐恭曰 夫市之無虎也明矣 然而三人言而成乎
今邯鄲之去魏也 遠於市 議臣者過於三人 願王察之 龐恭從邯
鄲反 竟不得見

전국시대의 일이다. 위나라의 신하 방공龐恭이 태자를 따라 趙조나라 수도 한단에 인질로 가게 되었을 때 위왕에게 말했다. "만약 어떤 사람이 시장바닥에 호랑이가 나타났다고 말하면 왕께서는 그 말을 믿으시겠습니까?" 왕이 "믿을 수 없다"라고 대답했다. 다시 "두 사람이 시장바닥에 호랑이가 나타났다고 말하면 왕께서는 그 말을 믿으시겠습니까?" "역시 믿을 수 없다." "그럼 세 사람이 시장바닥에 호랑이가 나타났다고 말하면 왕께서는 그 말을 믿으시겠습니까?" 왕이 말하기를 "나도 그것을 믿게 될 것이다"라고 대답했다. 방공이 말하길 "시장바닥에 호랑이가 나타날 수가 없다는 것은 분명합니다. 그럼에도 세 사람이 말을 하게 되면 호랑이가 나타난 것이 됩니다. (제가 가는) 한단은 우리 위나라로부터 시장바닥과는 비교가 되지 않을 정도로 먼 거리입니다. 더구나 저를 비판하는 자가 세 사람보다 훨씬 많을 것입니다. 바라옵건대 왕께서는 이를 깊이 살펴주십시오!"라고 하였다. 그 후 방공이 한단으로부터 돌아왔지만 끝내 왕을 뵐 수 없었다. _《한비자》 내저설內儲說 상

 정말 말도 안 된다 싶은 일도 여러 사람이 동시에 말하거나 반복해서 말하면, 어느새 기정사실이 되는 경우가 허다하다. 이상하게 보이지만 사람들의 일반적인 심리가 그렇다. 특히 예전에는 정보를 얻을 창구가 사람 외에 거의 없었으니, 이런 일이 더 심했을 것이다. 그래서 귀가 얇은 군주는 측근인 한두 명을 제외하고는 늘 신하를 의심했다고 한다.

 재미있는 것은 풍부한 정보가 제공되는 오늘날에도 삼인성호三人成虎가 여전하다는 것이다. 인터넷에는 이상한 소문에 시달리는 유명인들 이야기가 흔한 것이 되었다. 그뿐 아니라 사람이 서넛뿐인 작은 조직 내에서도 허위사실이 눈 깜짝할 새 진실로 둔갑하는 일이 많다.

 누군가가 악의적으로 특정 상대를 비방하면 그 이야기가 꼬리에 꼬리를 물고 부풀려진다. 결국 이 이야기를 그대로 믿는 리더는 엉뚱한 판단을 하게 된다. 유능한 인재가 이렇게 간신들의 참언 때문에 희생되는 것을 볼 때마다 안타까운 마음을 금할 길이 없다.

확실한 것은 성공한 리더 가운데 팔랑귀를 가진 사람은 없다는 것이다. 남의 의견을 잘 수렴하는 것과 악의적인 허위사실을 잘 가려듣는 것 사이에서 얼마나 옳은 판단을 내리느냐, 이것 하나만 봐도 그 리더의 자질을 어느 정도 짐작하고 남음이 있다.

76

훌륭한 리더는
부하가 만든다지만
和氏之璧

楚人和氏得玉璞楚山中 奉而獻之厲王 厲王使玉人
상지 옥인왈 석야 왕이화위광 이월기좌족 급여왕훙
相之 玉人曰 石也 王以和爲誑 而刖其左足 及厲王薨
무왕즉위 화우봉기박이헌지무왕 무왕사옥인상지 우왈 석야
武王卽位 和又奉其璞而獻之武王 武王使玉人相之 又曰 石也
왕우이화위광 이월기우족 무왕훙 문왕즉위 화내포기박이곡
王又以和爲誑 而刖其右足 武王薨 文王卽位 和乃抱其璞而哭
어초산지하 삼일삼야 읍진이계지이혈 왕문지 사인문기고
於楚山之下 三日三夜 泣盡而繼之以血 王聞之 使人聞其故
왈 천하지월자다의 자해곡지비야 화왈 오비비월야 비
曰 天下之刖者多矣 子奚哭之悲也 和曰 吾非悲刖也 悲
부보옥이제지이석 정사이명지이광 차오소이비야 왕내사옥
夫寶玉而題之以石 貞士而名之以誑 此吾所以悲也 王乃使玉
인리기박이득보언 수명왈 화씨지벽
人理其璞而得寶焉 遂命曰 和氏之璧

초나라 사람 화씨가 초산에서 옥 덩어리를 발견하여 그것을 받들어 여왕厲王에게 바쳤다. 여왕이 옥인玉人에게 그것을 감정시켰다. 옥인이 말하기를 "돌입니다"라고 했다. 왕은 화씨가 왕을 속였다고 그의 왼쪽 발뒤꿈치를 자르는 형벌, 즉 월형刖刑을 내렸다. 여왕이 죽고 무왕이 즉위하자 화씨는 또 그 옥덩어리를 받들어 무왕에게 바쳤다. 무왕이 옥인에게 그것을 감정시켰다. 또 말하기를 "돌입니다"라고 했다. 왕은 또 화씨가 자기를 속였다고 여겨 그의 오른쪽 발뒤꿈치를 자르는 형을 내렸다. 무왕이 죽고 문왕文王이 즉위했다. 화씨가 이에 그 옥덩어리를 껴안고 초산 기슭에서 큰 소리로 울었다. 사흘 밤낮을 울어 눈물이 다 마르고 피가 흐를 정도였다. 왕이 그것을 듣고 사람을 보내어 그 까닭을 물길 "천하에 발뒤꿈치를 잘리는 형벌을 받은 자가 많은데, 자네는 어째서 그렇게 슬피 우는가"라고 했다. 화씨가 대답하길 "저는 발뒤꿈치를 잘리는 형벌을 받은 것을 슬퍼하는 게 아닙니다. 저것이 보옥인데도 보통 돌이라 불리고, 제가 정직한 사람인데도 거짓말쟁이로 불리는 것이 슬픕니다. 이것이 제가 슬피 우는 까닭입니다"라고 했다. 왕이 곧 옥인을 시켜 그 옥덩어리를 다듬게 하여 보옥을 얻었다. 그리고 이것을 '화씨지벽和氏之璧'이라 했다. _《한비자》세난 편

군주를 설득하기란 이렇게나 어려운 일이다. 신하의 진언은 채택되기 전까진 하나의 의견에 불과하지만 군주의 말은 곧 결론이기 때문에, 군주의 역할은 엄청나게 중요하며 그 영향력은 말할 수 없이 크다. 이런 상황에서 주변에 옥을 돌이라고 하는 사이비 신하가 있는 것도 문제요, 옥을 감정할 능력이 있는 신하가 없는 것도 문제가 아닐 수 없다.

이처럼 거짓 설득으로 중요한 의사결정을 망치는 신하는 예나 지금이나 큰 문제다. 보좌진들의 역할이 점점 강조되는 것도 이런 이유에서다.

리더가 모든 사안에서 올바른 선택을 하기란 쉬운 일이 아니다. 특히 옥을 감정하는 것과 같이 전문적인 부분에 대해

서는 더 그렇다. 하지만 리더라면 각각의 사안에서 올바른 선택을 이끌어줄 보좌진을 고르는 데 있어서만큼은 명석하고 이성적인 판단을 할 수 있어야 한다. 사실 그 점만 잘 갖춰도 리더로서 조직을 끌어가는 데 부족함이 없을 것이다.

아첨을 분간할 줄 아는가

巧言令色足恭匿怨而友其人

子曰 巧言令色足恭 左丘明恥之 丘*亦恥之 匿怨而友其人
자왈 교언영색족공 좌구명치지 구 역치지 익원이우기인
左丘明恥之 丘*亦恥之
좌구명치지 구 역치

공자께서 말씀하셨다. "말을 교묘하게 하는 것, 얼굴빛을 예쁘게 꾸미는 것, 지나치게 공손한 척하는 것을 좌구명이 부끄럽게 여겼는데, 나 또한 이를 부끄럽게 여긴다. 원한을 숨기고 그 사람과 벗하는 것을 좌구명은 부끄럽게 여겼는데, 나 또한 이를 부끄럽게 여긴다." _《논어》 공야장편

의도적으로 남에게 잘 보이려고 하는 것은 진정한 예가 아니다. 따라서 말은 소박하고 진실해야 하며, 얼굴빛은 꾸밈없어야 하고, 행동은 해야 할 것만 하면 된다. 또 원한을 감추고 누군가를 벗하는 것 역시 진정성을 감춘 것이어서 상호 이해관계가 해소되면 곧 멀어질 수밖에 없다.

 마음속으로는 적개심을 갖고 있으면서도 겉으로는 친한

척하는 이중적이고 위선적인 태도를 쉽사리 취하는 사람들도 꽤 있다. 권력자에게 접근했다가 그의 이용 가치가 떨어지면 뒤도 돌아보지 않고 매몰차게 관계를 청산하거나, 심한 경우 그간 베푼 성의를 미끼로 그를 공격하는 파렴치한 장면 역시 숱하다.

그럼에도 여전히 교묘한 말, 꾸민 낯을 구분하지 못하는 경우가 많다. 자신에게 듣기 좋은 소리라면 일단 흐뭇하게 생각하는 지도자나 CEO가 있다면, 그 조직의 앞날에는 희망이 없다. 과분한 칭찬과 대접을 받았다 싶으면 한 번쯤 의심해봐야 한다.

---

*여기서 구丘는 공자의 이름이다.

78
시간의 가치를 새롭게 보다
朝三暮四 朝四暮三

宋有狙公者 愛狙 養之成羣 能解狙之意 狙亦得公之心 損其
家口 充狙之欲 俄而匱焉 將限其食 恐衆狙之不馴於己也
先誑之曰 與若芧 朝三而暮四 足乎 衆狙皆起而怒 俄而曰 與
若芧 朝四而暮三 足乎 衆狙皆伏而喜 物之以能鄙相籠
皆猶此也 聖人以智籠羣愚 亦猶狙公以 智籠衆狙也 名實不虧
使其喜怒哉

춘추전국시대 송나라에는 저공狙公이란 사람이 있었다. 그는 원숭이를 좋아하여 기르기 시작해 마침내 무리를 이루게 되었다. 그러다 원숭이의 뜻을 알아차릴 정도가 됐고, 원숭이들 역시 저공의 마음을 알아차릴 수 있었다. 하도 열성적이어서 식구들의 식량까지 줄여가며 원숭이를 키웠는데, 갑자기 가세가 기울어 원숭이의 먹이를 제대로 줄 수 없게 되었다. 저공은 먹이를 줄이려고 생각했으나 원숭이들이 자기를 따르지 않을까 염려한 끝에 우선 그들을 속여보기로 하고 이렇게 말했다. "너희들에게 주는 도토리를 아침에 셋, 저녁에 넷으로 하면 되겠느냐?" 그러자 원숭이들은 들고 일어나 화를 냈다. 그래서 이번에는 "그렇다면 아침에 넷, 저녁에 셋으로 하면 되겠느냐?" 그러자 원숭이들은 모두 엎드려 기뻐했다. 만물 중에 가진 자가 없는 자들에게 농락을 부림이 모두 이와 같다. 성인은 지혜로써 어리석은 자들을 농락한다. 저공은 꾀를 부려 원숭이들을 농락한 것과 같다. 명분이란 이처럼 사실에는 아무 손상도 없이 사람들을 기쁘게도 하고 화나게도 한다. _《열자列子》 황제黃帝 편

우리가 흔히 들어봤던 조삼모사朝三暮四 이야기다. 아침에 도토리를 세 개, 저녁에 네 개 준다는 말에 화를 내던 원숭이들이 아침에 도토리 네 개, 저녁에 세 개를 주겠다는 말에 기뻐했다는 이 이야기는 흔히 저공의 지혜를 강조하거나 원숭이들의 어리석음을 조롱하는 데 많이 사용된다.

그런데 한번 뒤집어 생각해보자. 자금관리의 기준이 바뀐 요즘 시대에는 원숭이들의 지혜가 더 뛰어났던 것으로 해석해야 맞을 것 같다. 즉, 원숭이들은 자원을 미리 확보하여 불확실성을 예방한 셈으로, '화폐의 시간적 가치Time Value of Money'를 일찌감치 터득했던 것이다.

이렇게 볼 때 저공의 원숭이들은 탁월한 사업가의 자질을 갖고 있었던 게 분명하다. 불확실성에 대한 대비야말로 사업가, 나아가 조직을 이끌고 있는 모든 리더들이 반드시 염두에 두어야 할 부분이기 때문이다.

79

백 년을 계획하려면 사람을 심어라
終身之計 莫如樹人

一年之計 莫如樹穀 十年之計 莫如樹木 終身之計 莫如樹人
일 년 지 계 막 여 수 곡 십 년 지 계 막 여 수 목 종 신 지 계 막 여 수 인
一樹一獲者 穀也 一樹十獲者 木也 一樹百獲者 人也
일 수 일 획 자 곡 야 일 수 십 획 자 목 야 일 수 백 획 자 인 야

일 년 계획으로는 곡식을 심는 것만 한 것이 없고, 십 년 계획으로는 나무를 심는 것만 한 것이 없고, 평생 계획으로는 사람을 심는 것만 한 것이 없다. 한 번 심어 한 번 수확하는 것은 곡식이며, 한 번 심어 열 번 수확하는 것은 나무이며, 한 번 심어 백 번 수확하는 것은 사람이다. _〈관자管子〉 권수權修 편

흔히 교육을 '백년대계百年大計'라고 말한다. 인재를 양성하는 데 국가의 미래가 걸려 있기 때문이다. 부존자원이 부족하고 국토가 넓지 않은 우리나라에서는 그 중요성이 특히 더 절실하게 다가온다.

무려 백 년간 키워야 수확할 수 있는 게 사람이라고 했다. 그만큼 인재에 투자하여 그 성과를 얻기까지는 적지 않은

시간이 소요된다는 말이다. 하지만 이런 장기적인 관점에서 인재를 육성하기로 마음먹고 그에 따른 정책을 만들고 이를 실제로 펼치고 있는 리더가 얼마나 될까.

개인을 조직 전체가 굴러가도록 에너지를 제공하는 도구 가운데 하나 정도로만 인식하고, 그들에게 인내와 희생만을 요구하는 조직에는 절대로 미래가 없다. 정작 인내와 희생이 필요한 건 바로 리더이고 조직이다. 지금 당장 성과가 나오지 않더라도 인내심을 갖고 사람에 대한 투자를 멈춰선 안 된다.

80

좋아하는 것일수록 받지 않는다
以嗜魚 故不受

公儀休者 魯博士也 以高弟爲魯相 奉法循理 無所變更 百官自正
使食祿者不得與下民爭利 受大者不得取小 客有遺相魚者 相不受
客曰 聞君嗜魚 遺君魚 何故不受也 相曰 以嗜魚 故不受也 今爲相
能自給魚 今受魚而免 誰復給我魚者 吾故不受也 食茹而美
拔其園葵而弃之 見其家織布好 而疾出其家婦 燔其機 云
欲令農士工女安所讎其貨乎

공의휴公儀休는 춘추전국시대 노나라 박사였는데 뛰어난 재능과 학문을 인정받아 노나라 재상이 되었다. 법을 바로 지키고 따르며 함부로 고치는 일이 없었기 때문에 관리들은 스스로 바르게 되었다. 그는 나라의 녹을 받아 사는 사람들, 즉 관리들이 일반 백성들과 사소한 이익을 두고 다투는 일이 없도록 했고, 많은 봉록을 받은 사람들이 사소한 것을 취하는 일이 없도록 했다. 그야말로 훌륭한 재상이었다. 그런데 어느 빈객이 재상에게 생선을 보내왔는데 받지 않았다. 그러자 다른 빈객이 이렇게 말했다. "재상께서 생선을 좋아하신다는 말을 듣고 보내온 것일 텐데 어찌하여 받지 않습니까?" 공의휴는 이렇게 대답했다. "생선을 좋아하기 때문에 받지 않는 것이지요. 지금 나는 재상으로 있기 때문에 생선을 사 먹을 수 있는 능력이 있습니다만, 지금 그 생선을 받고 벼슬에서 쫓겨나게 되면 누가 또 내게 생선을 보내주겠소? 그 때문에 받지 않은 것이오." 그는 또 그의 채소밭에 자라는 채소를 먹어보니 맛이 대단히 좋았다. 그러자 그 밭의 채소를 모두 뽑아버렸다. 또 자기 집에서 짜는 베가 좋은 것을 알게 되자, 당장 베 짜는 여인들을 돌려보내고 베틀을 불태워버린 다음 이렇게 말했다. "사 입어야 할 사람이 사주지 않으면, 농사짓는 백성이나 베 짜는 여인들은 그들이 만든 것을 팔 수 없게 되지 않겠는가?" _〈사기〉 순리열전循吏列傳 공의휴公儀休

2,500여 년 전 춘추시대에는 사회의 리더층이 대부분 관직에 종사하는 사람들이었다. 비록 그 당시 사람들이 '노블레스 오블리주Noblesse Oblige'라는 말을 알지는 못했지만, 공의휴처럼 자신의 위치와 역할에 걸맞은 철저한 책임감을 가진 리더층은 존재했던 것 같다.

좋아하는 생선도 받지 않고 자기 밭에서 난 맛있는 채소와 품질 좋은 베까지 포기하면서, 그 물품들의 생산을 담당하는 일반 백성들을 생각하는 투철한 사명감. 자기 집에서 난 물건까지 버리는 그가 너무 심한 것 아닌가 싶다가도, 고위직에 올라가려는 사람이라면 이 정도로 엄격한 태도와 마음가짐을 가지는 것이 당연하다는 생각도 든다. 우리 시대에 공의휴만 한 리더가 과연 존재하고 있을까.

81

어진 이를 써도
조직이 위태한 이유
擧賢而不用

武王問太公曰 擧賢而以危亡者 何也 太公曰 擧賢而不用
是有擧賢之名 而不得眞賢之實也 武王曰 其實安在 太公望曰
其失在君好用小善而已 不得眞賢也 武王曰 好用小善者 何如
太公曰 君好聽譽而不惡讒也 以非賢爲賢 以非善爲善 以非忠
爲忠 以非信爲信 其君以譽爲功 以毁爲罪 有功者不賞 有罪
者不罰 多黨者進 小黨者退 是以羣臣比周而蔽賢 百吏君黨而
多姦 忠臣以誹死於無罪 邪臣以譽賞於無功 其國見於危亡
武王曰 善 吾今日聞誹譽之情矣

주나라 문왕이 태공太公에게 물었다. "어진 이를 썼는데도 위망危亡한 경우에 처하는 이유는 무엇입니까?" 태공은 이렇게 대답했다. "어진 이를 천거하되, 그 능력을 이용하지 않아 거현擧賢이라는 명분만 있지 진실로 그 어짊을 얻지 못했기 때문입니다." 문왕이 물었다. "그러면 그러한 실책은 어디에서 연유합니까?" "그 실책은 임금이 소선小善을 쓰기만 좋아할 뿐, 진현眞賢을 얻지 못한 데서 시작하지요!" "소선을 즐겨 쓴다는 것은 무엇입니까?" 이에 태공은 이렇게 말하였다. "임금이 칭찬의 소리만 듣기 좋아하고 참소讒訴하는 말은 싫어하게 되면, 어질지 않은 이를 어진 이로 여기고 선하지 않은 이를 선하다 여기며 충성되지 않은 이를 충성된 자로 착각하며 믿음이 없는 자를 신실信實한 인물로 알게 되지요. 그러다 보면 자신을 칭찬해주는 자는 공功이 있다고 여기고, 자신의 잘못을 지적하는 자는 죄 있다 여깁니다. 이런 까닭에 공이 있어도 상을 내리지 않고, 죄를 지은 자는 벌을 받지 않게 됩니다. 많은 무리를 지은 자는 출세하고, 무리가 없는 자는 쫓겨나지요. 이러한 까닭으로 여러 신하들은 서로 비주比周하여 어진 이를 가로막고, 많은 관리들은 작당하여 간사한 일을 저지르게 됩니다. 충신은 죄가 없는데도 비방誹謗으로 죽게 되는데, 오히려 사신邪臣은 공이 없는데도 명예와 상을 받게 됩니다. 그렇게 되면 나라는 위망의 구렁텅이로 빠질 수밖에요!" 무왕은 이 말을 듣고 이렇게 감탄하였다. "훌륭하도다! 내 오늘에야 비방과 칭찬의 실정이 어떤지를 들었노라!" _ 《설원》군도君道 편

태공은 우리가 흔히 강태공으로 알고 있는 사람이다. 일흔이 넘도록 낚시질만 하다가 무왕에게 발탁되어 주 왕조 건립에 결정적인 역할을 한 사람 중 하나다. 젊은 무왕은 문왕의 장자長子로서 아버지를 계승한, 주 왕조의 실질적 건국 군주이기도 한데, 태공의 충언을 듣고 많은 걸 배웠다고 기뻐하는 모습이 인상적이다.

태공은 어진 자를 써도 조직이 위망하게 되는 것은 무릇 지도자들이 듣기 싫은 소리를 마다하기 때문이라고 일갈한

고 사신邪臣들만 모여들어 바야흐로 망국의 길로 들어서게 된다는 것이다. 실력이 출중하고 인격이 훌륭한 자를 골라내는 눈을 가지고 있다 하더라도, 이런 좋은 인재를 데려다 적절히 관리하고 경영하지 못하면 아무 짝에도 소용없는 일이 되고 만다. 리더란 처음부터 끝까지 그 어느 것도 소홀히 해선 안 되는 것이다.

82

풀 위에 바람이 불면
반드시 눕는다
君子之德風 小人之德草 草上之風 必偃

季康子問政於孔子曰 如殺無道 以就有道 何如 孔子對曰
계강자문정어공자왈 여살무도 이취유도 하여 공자대왈

子爲政 焉用殺 子欲善而民善矣 君子之德風 小人之德草
자위정 언용살 자욕선이민선의 군자지덕풍 소인지덕초

草上之風 必偃
초상지풍 필언

(노나라 대부) 계강자가 공자께 정치에 대해 여쭈었다. "만일 무도한 자들을 사형에 처하여 그들을 도道가 있는 데로 나아가게 한다면 어떻겠습니까?" 공자께서 말씀하셨다. "그대가 정치를 하는데 어찌 죽이는 일을 하려 합니까? 그대가 선해지려고 하면 백성도 선해질 것이니, 군자의 덕이 바람이라면 소인의 덕은 풀과 같은 것입니다. 풀 위에 바람이 불면 반드시 풀은 바람이 부는 방향으로 쓰러지게 되어 있습니다."_《논어》 안연 편

　지식과 정보는 물론 부와 권력까지 모두 거머쥐었던 춘추전국시대의 지도자들, 즉 제후와 대부들의 위세는 '바람과 풀'에 비유될 정도로 대단했다. 백성들의 자유로운 행동은 기대하기 어려웠던 시대였다.

이런 상황에서 백성들이 조금 빗나간다고 생각한 계강자는 사형 집행을 통해 사회기강을 잡아보려고 마음먹는다. 이런 속셈을 알아차린 공자는 '지도자의 처신이 바르면 백성들은 특별한 명령이 없어도 각기 제 할 바를 하지만, 지도자의 처신이 바르지 못하면 아무리 지도자가 닥달해도 따르지 않는다'라는 이야기를 들려주면서 계강자를 뜨끔하게 만들고 있다.

백성들은 지도자가 말하고 처신하는 대로 따르게 되어 있다. 신상필벌信賞必罰의 원칙만 들이대면서 잘한 사람에게 상을 주고 잘못한 사람에게 벌을 준다면, 결국 모든 사람이 벌을 받는 결과를 초래할 수 있다. 상을 받을 때 느끼는 만족도에 비해 벌을 받을 때의 두려움이 훨씬 크기 때문이다. 상을 받은 사람들조차 '언젠가 나도 잘못을 할 수 있다'라는 생각이 머릿속을 떠나지 않을 수 있다.

반복되는 잘못을 바로잡으려면 일벌백계一罰百戒를 해야 한다는 주장이 있다. 하지만 그 효과는 실제로 지극히 제한적이어서 오히려 조직원의 자율적 사고와 행동을 막고 오로지 눈치만 늘게 만들 수 있다.

조직원의 잘못을 눈감아주라는 이야기가 아니다. 리더 자신이 먼저 모범을 보이겠다는 마음가짐을 가질 필요가 있다는 이야기다. 리더가 바르지 못하면서 사람들을 바른 길로 인도한 예는 역사상 단 한 번도 찾을 수 없었다.

아무 일도 하지 않아야 최고의 리더다
無爲之治

子曰 無爲而治者 其舜也與 夫何爲哉 恭己正南面而已矣
자 왈 무 위 이 치 자 기 순 야 여 부 하 위 재 공 기 정 남 면 이 이 의

공자께서 말씀하셨다. "아무 하는 일 없이 잘 다스린 분은 순임금이라 할 것이다. 도대체 어찌하였겠나? 자신을 공손히 하고 바르게 남쪽만 바라보고 앉아 계셨을 따름이었다." _《논어》 위령공 편

순임금은 요임금 아래에서 사도司徒, 즉 교육을 담당하던 신하로, 훗날 요임금으로부터 왕위를 이어받아 태평성대 2기를 맞이한 임금으로 기록돼 있다. 오늘날까지도 이때는 이상적인 정치형태를 갖췄던 선망의 시대로 남아 있다.

요임금은 아홉 명의 전문가를 임명해 철저한 위임정치를 했다고 전하는데, 그 뒤를 이은 순임금 역시 위임정치의 대가로 알려져 있다. 오죽했으면 '무위이치無爲而治'라고 했을까? 원래 무위無爲의 개념은 도가사상道家思想의 기본인데,

유위인 덕치德治를 내세우는 유가사상의 이상적인 모습도 궁극적으로는 무위에 이르게 된다는 점이 흥미롭다.

그런데 정말 임금이 아무 일도 하지 않고 남쪽만 바라보고 앉아 있었는데도 훌륭한 정치가 이루어졌을까 의문이 든다. 아마도 임금이 신하를 신뢰하고, 신하들은 직무 수행에 열정과 성실함을 보였기에 가능한 일이지 않았을까 싶다. 또한 임금이 완전히 직무를 파악하고 장악한 상태에서 실무를 신하에게 위임한 것 아니었을까 싶기도 하다.

이런 상황은 오늘날도 다르지 않다. 리더가 실무를 많이 하는 조직은 굴러가기 어렵다. 리더가 실무에 매진하는 동안 중요한 의사결정에 쏟을 시간과 에너지를 잃기 때문이다. 가장 좋은 것은 조직원들이 알아서 일을 처리하고, 리더는 아무것도 하지 않는 것이다. 물론 리더가 아무것도 하지 않는다는 것이 놀고먹는다는 의미가 아님은 잘 알고 있을 것이다.

84

도둑 세계에도 도가 있게 마련이다
盜亦有道乎

跖之盜問於跖曰 盜亦有道乎 跖曰 何適而无有道邪 夫妄意室
척지도문어척왈 도역유도호 척왈 하적이무유도야 부망의실

中之藏 聖也 入先 勇也 出後 義也 知可否 知也 分均 仁也
중지장 성야 입선 용야 출후 의야 지가부 지야 분균 인야

五者不備而能成大盜者 未之有也 由是觀之 善人不得聖人之道
오자불비이능성대도자 미지유야 유시관지 선인부득성인지도

不立 跖不得聖人之道 不行
불립 척부득성인지도 불행

도척盜跖의 부하가 두목 도척에게 물었다. "도둑질에도 지켜야 할 도가 있습니까?" 도척이 대답했다. "어디를 가나 도 없는 곳이 있겠느냐? 방 안에 무엇이 있는지 잘 알아맞히면 성聖이고, (도둑질을 하러 그 집에) 스며들 때 선두에 서면 용勇이다. (도둑질을 끝내고) 나올 때 맨 뒤에 처져 있으면 의義이고, 될지 안 될지를 아는 것이 지知이며, 분배를 공평하게 함이 인仁이다. 이 다섯 가지가 갖추어지지 않은 채 큰 도둑이 된 자란 이 세상에 아직 없었다." 이 말로 미루어 보아 선인善人도 성인聖人의 도를 얻지 못하면 내세울 수 없게 되듯이, 도척도 성인聖人의 도를 얻지 못하면 아무 행동도 할 수 없게 된다. _《장자》 거협胠篋 편

도적 무리 안에도 지도원칙이 있다는 역설적인 얘기는 우리의 흥미를 자아낸다. 도적 두목의 경우 일단 기획력이 뛰

어나야 한다. 즉, 방 안에 무엇이 있는지를 미리 알아맞히는 능력이 필요하다. 아무 집이나 털었다가는 자칫 두목을 비롯해 부하들이 다치거나 검거될 우려가 있기 때문이다. 또한 위험을 무릅쓰고 선봉에 설 수 있는 담력이 있어야 하며, 마지막까지 뒷수습을 맡는 책임감이 있어야 한다. 어디 그뿐인가. 훔친 물건의 가치를 정확하게 파악할 수 있어야 하고, 도둑질한 물건은 공평하게 나눌 줄 알아야 한다.

장자는 이렇게 성聖, 용勇, 의義, 지知, 인仁을 대도大盜의 조건이라 이야기하면서, 어떤 조직도 이러한 덕목을 무시하면서 지도자 자격을 얻을 수는 없다고 주장했다. 도둑집단 하나를 이끌어가는 데도 저렇게 확고한 리더의 조건이 필요한데, 하물며 다른 조직은 어떻겠는가. 기획력과 담력, 책임감, 예측력, 공평성 면에서 합격점을 받을 만한지, 본인의 리더십을 한 번쯤 점검해볼 필요가 있다.

85

조직을 갉아먹는 다섯 가지 좀벌레
五蠹

是故亂國之俗 其學者 則稱先王之道以藉仁義 盛容
服而飾辯說 以疑當世之法 而貳人主之心 其言談者 爲
設詐稱 借於外力 以成其私 以遺社稷之利 其帶劍者 聚
徒屬 立節操 以顯其名 而犯五官之禁 其患御者 積於私門
盡貨賂 而用重人之謁 退汗馬之勞 其商工之民 修治苦窳之器
聚弗靡之財 蓄積待時 而侔農夫之利 此五者 邦之蠹也 人主不
除此五蠹之民 不養耿介之士 則海內雖有破亡之國 削滅之朝
亦勿怪矣

이런 까닭에 어지러운 나라의 풍속으로, 학자學者들은 선왕의 도를 칭송하여 인의를 빙자하며 옷차림을 성대히 차려 입고 말솜씨를 꾸며 당대의 법을 의문 나게 하고 군주의 마음을 헷갈리게 하고 있다. 언담자言談者는 거짓을 세워 속여 말하고 밖으로 힘을 빌려 사욕을 이루며 사직의 이득은 잊어버리고 있다. 대검자帶劍者는 도당들을 모아 의리를 내세워 이름을 드러냄으로써 조정의 금제禁制를 범하고 있다. 환어자患御者는 사문과 가까이 하여 뇌물을 보내고 요직자의 청탁을 받아들여 전쟁의 노고를 물리치고 있다. 상공인商工人은

거친 물건을 고치고 호사스러운 재물을 모으며 쌓아두고 때를 노려서 농부의 이득을 빼앗고 있다. 이 다섯 가지는 나라의 좀벌레다. 군주가 이 다섯 좀이 되는 계층을 제거하지 않고 성실한 사람을 길러내지 못한다면, 비록 깨지고 망하는 나라와 깎이고 멸하는 조정이 있다 해도 또한 괴이하게 여길 것이 못 된다. _《한비자》 오두五蠹 편

한비자는 나라를 좀먹는 존재로 다섯 부류를 들고 있다. 오늘날의 명칭으로 보면 학자, 이론가, 군인, 행정부의 장관 또는 청와대 요원, 기업인으로 볼 수 있다. 시대에 맞지 않는 부분도 있지만, 이들이 자기 역할을 제대로 해내지 못했을 때 나라를 좀먹을 가능성이 가장 크다는 점만큼은 분명한 것 같다. 이런 자리에 있는 사람일수록 책임감이 크다는 사실을 지적한 것이다.

조직을 갉아먹는 좀벌레는 내부에서 막중한 임무를 맡은 사람일 가능성이 크다. 혹시 떠오르는 사람이 있는가? 도저히 구제불능으로 해가 되는 사람이 있다면 하루 빨리 제거해야 할 것이다.

다스림의
다섯 가지 원칙
敬信節愛時

子曰 道千乘之國 敬事而信 節用而愛人 使民以時
_{자왈 도천승지국 경사이신 절용이애인 사민이시}

공자께서 말씀하셨다. "한 나라를 다스릴 적에는 공경하고, 신뢰가 있어야 하고, 쓰는 것을 절약하며, 백성들을 사랑해야 하고, 백성을 부릴 적에는 철에 맞게 해야 한다." _《논어》학이 편

중국에서는 고대로부터 군주가 갖추어야 할 중요한 덕목으로 위의 다섯 가지를 제시하면서, 이를 오요伍要라 하며 정치의 원리로 삼아왔다. 오늘날 정치가들, 나아가 가정이나 조직을 이끌어가는 모든 리더들도 이 고전적인 리더십 덕목을 꼭 참고해야 한다고 생각한다. 이는 가정을 이끌어가는 데 있어서도, 기업을 경영하는 데 있어서도 교훈으로 삼기에 안성맞춤이다.

리더가 공경하지 않고, 성실하지 않고, 신뢰 가지 않게 행

동하는 것 그리고 개인적 삶을 사치스럽게 영위하면서 조직의 공적인 비용을 방만하게 사용하는 것, 마지막으로 조직원을 시도때도없이 부려 먹는 것은 누가 뭐라 해도 패망으로 가는 지름길이다. 리더가 되기로 결심한 사람이라면 이 오요를 반드시 가슴에 새겨야 할 것이다.

87

한 사람 말만 들으면
반드시 전횡이 일어난다
夢見竈 爲見公

衛靈公之時 彌子瑕有寵 專於衛國 侏儒有見公者曰 臣之夢踐也
위령공지시 미자하유총 전어위국 주유유견공자왈 신지몽천야

公曰 何夢 對曰 夢見竈 爲見公也 公怒曰 吾聞見人主者夢見日
공왈 하몽 대왈 몽견조 위견공야 공노왈 오문견인주자몽견일

奚爲見寡人而夢見竈 對曰 夫日兼燭天下 一物不能當也
해위견과인이몽견조 대왈 부일겸촉천하 일물불능당야

人君兼燭一國 一人不能擁也 故將見人主者夢見日 夫竈 一人
인군겸촉일국 일인불능옹야 고장견인주자몽견일 부조 일인

煬焉 則候人無從絹矣 今或者一人有煬君者乎 則臣雖夢見竈
양언 즉후인무종견의 금혹자일인유양군자호 즉신수몽견조

不亦可乎
불역가호

미자하가 위령공의 총애를 받아 위나라를 전횡하고 있을 때였다. 어떤 난쟁이가 공을 만나 말하길 "저의 꿈이 맞았습니다"라고 했다. 공이 "무슨 꿈이냐?"라고 물었다. 대답하길 "꿈에 부엌 아궁이를 보았는데 공을 만나뵙기 위한 징조였습니다"라고 했다. 공이 노하여 말하길 "내가 듣건대 군주를 만나 보는 자는 꿈에 해를 본다고 한다. 어찌 나를 만나보면서 꿈에 부엌 아궁이를 보았다고 하느냐?"라고 했다. 난쟁이가 대답하길 "대저 해는 온 천하를 두루 비추어주는 것이므로 한 물건이 그것을 가로막을 수 없습니다. 군주도 온 나라를 비추어주므로 한 사람만으로 그것을 감쌀 수 없습니다. 그러므로 장차 군주를 만나 뵈려는 이는 꿈에 해를 보는 것입니다. 그런데 부엌 아궁이란 한 사람이 불을 쬐면 뒷사람은 볼 방법이 없습니다. 지금 혹시 한 사람이 군주

앞에서 불을 쬐고 있지는 않습니까? 그렇다면 제가 비록 꿈에 부엌 아궁이를 보았다 하더라도 옳지 않겠습니까?"라고 말했다. _《한비자》 내저설 상

 나라의 임금이라 해도 만민을 제대로 보살피기 위해서는 여러 신하를 만나 골고루 의견을 들은 후, 최적의 결정을 내려야 하는데, 어느 한 사람의 그늘에 가려 다른 신하를 만나려 하지 않는다거나 만날 수 없을 경우에는 심각한 문제가 야기될 수 있다. 또한 인재를 선발하고 등용하는 데에도 공정하고 객관적인 평가를 얻기 어렵다.

 이런 현상은 어디 임금뿐이겠는가? 기업의 경우에도 그룹경영을 하다 보면 측근의 인위적 그늘에 가려 여론을 막아버리는 잘못을 저지를 가능성이 크다. 사안의 잘잘못을 가리지 못하고 어느 한 편의 의견만 듣게 되면, 수많은 인재를 모아놓기만 했지 적재적소에 등용하지 못함은 물론, 의사결정에도 결정적 실수를 범할 수 있다. 조직의 무궁한 발전을 위해서는 아궁이가 전횡하게 하는 일이 없어야 한다.

나아가야 할 때와 물러나야 할 때를 아는 자
用之則行 舍之則藏

子謂顏淵曰 用之則行 舍之則藏 惟我與爾有是夫 子路曰 子
자 위 안 연 왈 용 지 즉 행 사 지 즉 장 유 아 여 이 유 시 부 자 로 왈 자

行三軍則誰與 子曰 暴虎馮河 死而無悔者 吾不與也 必也臨
행 삼 군 즉 수 여 자 왈 포 호 빙 하 사 이 무 회 자 오 불 여 야 필 야 임

事而懼 好謀而成者也
사 이 구 호 모 이 성 자 야

공자께서 안연顏淵에게 말씀하셨다. "써주면 나아가 일을 하고, 버리면 숨어 지내는 것은 오직 나와 너만이 할 수 있을 것이다." 자로가 여쭈었다. "선생님께서 대군을 지휘하신다면 누구와 함께하시겠습니까?" 공자께서 말씀하셨다. "맨주먹으로 호랑이를 잡고 맨몸으로 넓고 깊은 강을 건너려고 하면서 죽어도 후회하지 않는 사람과는 함께하지 않겠다. 반드시 큰일을 앞두고 조심하고 두려워하면서 계획을 잘 세워 성취시키는 사람과 함께하겠다." _《논어》 술이 편

춘추전국시대는 그야말로 제후의 전성시대였다. 정치에 참여하고 싶으면 반드시 어느 제후국의 군주 마음에 들어야 했기 때문에, 어진 인재라도 알아봐주는 이가 없으면 초야에 묻혀 지낼 수밖에 없었다. 등용되면 나아가 벼슬을 하고

그렇지 못하면 곧 물러나 자기 수양에 몰두하는 게 도리임에도, 많은 사람들이 자리에 연연하며 끝없는 유세를 계속했다.

이런 상황에서 용맹스럽기로 이름을 떨친 제자 자로가 전쟁 지휘를 놓고 은근히 스승의 마음을 떠보지만, 돌아오는 스승의 반응은 단호했다. 공자는 사전에 충분한 준비 없이 큰일을 시도하는 무모함과 과격한 언행을 서슴지 않는 제자에게 그야말로 일침을 가하며, 덕이 높은 제자 안연을 칭찬하고 있다.

나아갈 때와 물러설 때를 놓치는 지도자들을 우리는 쉽게 본다. 안타까운 일이다. 나아가야 할 때 책임감을 이겨내지 못하고 뒤로 숨는 리더는 물론, 물러서야 할 때 "조금만 더!"를 외치며 무리하게 자리를 지키려는 리더들이 상당히 많다. 특히 고위 공직자나 기업의 고위직에 미련을 두고 끝까지 자리를 지키려던 사람들이, 결국 그 자리를 바람직하지 못한 모습으로 마무리하는 사례가 너무나 많은 것이 현실이다. 과연 과욕은 금물이란 말을 잊고 있는 것일까.

두 가지만 묻자. "이 조직에 아직도 당신이 큰 도움이 되는가?" "이 조직에서의 일이 당신의 성장에 도움이 되는가?"

찾아보기

가도멸괵假道滅虢 _ p.113
진나라가 우나라에게 괵나라를 멸하려 하니, 길을 빌려달라 했던 데서 유래한 말로, 상대를 치기 위해 의도를 숨긴 채 접근하는 계책을 가리킨다.

건곤일척乾坤一擲 _ p.79
여기서 건곤이란 하늘과 땅, 즉 온 천하를 가리킨다. 따라서 이 말은 싸움의 갈림길에서 가지고 있는 모든 것을 걸고 승부수를 던질 때 쓰는 표현이다.

계족지언啓足之言 _ p.116
증자가 죽기 전 제자들에게 자신의 발과 손을 펴서 자세히 살펴보라고 했던 데서 나온 말로, 《논어》태백 편에 등장한다. 죽어서 곧 뵙게 될 부모에게 손상되지 않은 신체를 보여드릴 수 있는지를 묻는 증자의 지극한 효심이 드러난다.

과유불급過猶不及 _ p.50
《논어》선진 편에 나오는 말씀으로, 지나친 것은 모자란 것과 같다는 뜻이다.

관즉득중寬則得衆 _ p.125
《논어》요왈 편 제1장의 맨 마지막에 나오는 "관대하면 민중의 지지를 얻을 수 있고, 신의가 있으면 백성이 믿고 의지하게 되며, 민첩하면 큰 공을 세울 수 있고, 공평하면 백성들이 기뻐하게 된다寬則得衆 信則民任 敏則有功 公則說"는 구절을 요약한 것이다. 즉, 지도자가 관대하면 민중이 지지를 얻을 수 있다는 말이다.

관포지교管鮑之交 _ p.139
춘추시대 제나라 환공을 도와 첫 번째 춘추오패를 만들어준 관중과 포숙아의 우정을 가리킨다.

굴산지승屈産之乘 _ p.113
굴屈 지방에서 태어난 명마名馬를 일컫는다.

권토중래捲土重來 _ p.72
어려움을 무릅쓰고 다시 한 번 힘을 내어 도전한다는 의미다. 원래 뜻은 '말에 채찍질을 가해 흙먼지를 일으키면서 다시 한 번 전장으로 달려 나가다'라는 뜻이다. 이는 당나라 시인 두목杜牧이 해하垓下 지역의 오강정을 지나던 중, 초나라 항우의 자결을 애석하게 생각한 끝에 남긴 애절한 시 〈제오강정題烏江亭〉에 등장하는 구절이다.

남부여대男負女戴 _ p.133
남자는 등에 지고 여자는 머리에 이고, 재난을 피해 이곳저곳을 찾아 떠나는 사람들의 행렬을 표현할 때 쓰는 말이다.

낭중지추囊中之錐 _p.33
주머니 속에 들어있는 송곳이란 의미로, 주머니 속의 송곳은 언젠가 밖으로 튀어나올 수밖에 없듯이 능력 있는 사람은 스스로 자기의 능력을 자랑하지 않아도 남들이 다 알게 되어 등용된다는 의미로 쓰인다.

마저작침磨杵作針 _p.27
쇠 절굿공이를 갈아 바늘을 만든다는 뜻으로, 중국 남송南宋 때 축목祝穆이 지은 지리서에 나오는 이야기이다. 당나라 시인 이백李白이 젊었을 때 산에 들어가 수학하다 싫증을 느껴 집으로 돌아가던 중, 커다란 쇠로 된 절굿공이를 열심히 갈고 있는 노파를 만나게 되었다. 이상히 여긴 이백이 물었다. "할머니 그 절굿공이를 왜 갈고 계세요?" 할머니가 대답하기를 "이걸 갈아서 바늘을 만들려고 하네." 그 대답을 들은 이백은 크게 느낀 바 있어 수학하던 산으로 다시 돌아가 하던 공부를 마치고 마침내 시선詩仙으로 불릴 만큼 위대한 시인이 되었다고 한다.

무골호인無骨好人 _p.161
마치 몸에 뼈가 없는 것처럼 한없이 부드럽기만 하고 줏대가 없는 사람을 일컫는 말이다.

무위지치無爲之治 _p.198
일부러 인위적인 행위를 하지 않고도, 나라를 잘 다스리는 것을 말한다. 본문에 등장하는 《논어》 위령공 편의 순임금이 바로 여기에 해당한다 하겠다.

문질빈빈文質彬彬 _p.46
바탕과 겉차림이 잘 어울린다는 말로, 바탕도 중요하지만 겉차림도 똑같이 중요하다는 점을 강조하고 있다.

박시제중博施濟衆 _p.130
《논어》옹야 편에 나오는 말씀이다. 널리 베풀고 많은 사람을 구제한다는 의미로, 덕치의 이상을 표현한 말이라 할 수 있다.

반면교사反面教師 _pp.40~41
긍정적인 점보다는 부정적인 면을 보고 얻을 수 있는 교훈이나 그 대상, 상황을 일컫는다.

백가쟁명百家爭鳴 _p.155
춘추전국시대 수많은 학자, 사상가, 교육가, 철학자, 종교지도자들이 태어났는데, 대체로 이들 학파나 학자들을 제자백가諸子百家라 부르고, 이러한 다양한 학파의 학자들이 토론하고 경쟁하는 현상을 백가쟁명이라 부른다.

백년대계百年大計 _p.188
종신지계終身之計라고도 하며, 백 년 앞을 바라보고 세우는 큰 계획을 가리킨다. 주로 한 나라의 미래를 결정하는 장기적인 교육에 관해 말할 때 사용한다.

불요불굴不撓不屈 _p.73
후한의 사가史家 반고班固의 《한서》에 나오는 말로, 휘지도 않고 굽히지도 않는 꼿꼿한 태도를 일컫는다. 당시 왕상王商이라는 신하가 절대로 휘지도 않고 굽히지도 않는 꼿꼿한 정신을 소유했다고 해서 나온 말이다.

사상누각沙上樓閣 _p.32
모래 위에 지은 다락방이라는 뜻이다. 이는 주로 기초가 튼튼하지 못하여 곧 무너질 위험이 있는 건물이나 그러한 계획을 말할 때 두루 사용된다.

삼인성호三人成虎 _p.179
세 사람이 장바닥에 호랑이를 만든다는 뜻으로, 여러 사람이 같은 이야기를 하면 허위사실조차 진실로 둔갑할 수 있음을 경계하는 말이다.

수극지벽垂棘之璧 _p.113
수극지방에서 나는 유명한 벽옥璧玉을 일컫는다.

순망치한脣亡齒寒 _p.114
입술이 없어지면 이가 시리다는 뜻으로, 서로 떼려야 뗄 수 없는 관계를 가리킨다.

신상필벌信賞必罰 _p.196
상을 줄만한 공이 있는 사람에게는 반드시 상을 주고, 잘못한 사람에게는 반드시 벌을 준다는 의미다. 즉, 상벌을 공정하고 엄정하게 집행하는 것을 말한다.

안빈낙도安貧樂道 _ p.42
비록 가난하지만 그 가난을 편하게 생각하며 도를 즐기는 삶을 일컫는다.

알묘조장揠苗助長 _ pp.170~171
곡식의 싹을 일부러 뽑아 올려 빨리 자라나도록 하는 행위를 말한다. 모든 일에는 때가 있음에도, 순리를 어기고 억지로 속도를 내려다 결국 일을 그르칠 때 주로 사용한다.

역린逆鱗 _ p.79
《한비자》세난 편에 등장하는 고사에서 유래한 말로, 용의 턱 밑에 난 비늘을 가리킨다. 용이란 길들여서 탈 수 있는 동물이지만 그 턱 밑에 직경 한 자 정도의 거꾸로 정렬된 비늘이 있어, 그것을 건드리는 사람이 있으면 반드시 그 사람을 죽이고 만다고 한다. 이처럼 누구에게나 건드려선 안 될 민감한 부분을 이야기할 때 이 말을 쓴다.

와신상담臥薪嘗膽 _ p.103
《사기》월세가越世家에 나오는 이야기로, 자리가 불편한 섶(땔감) 위에서 잠을 자며 쓸개를 씹는다는 말이다. 춘추전국시대 오나라와 월나라가 일전을 벌였는데, 오나라의 왕 합려闔閭가 적이 쏜 화살에 맞아 부상을 입은 것이 회복되지 않아 죽게 되자, 아들 부차夫差에게 반드시 월나라 구천에게 원수를 갚을 것을 유언으로 남긴다. 부차는 선왕의 유언을 잊지 않으려고 섶에서 잠을 자며 복수의 칼을 갈다, 드디어 전쟁을 걸어온 월나라를 물리치고 월왕 구천을 사로잡아 부왕의 유언에 부응하게 된다. 그러나 승전 후 오만에 빠진 부차는 구천을 풀어주게 되고, 오나라의 속국이 된 월나라에 돌아온 구천은 늘 옆에 쓸개를 두고 수시로 핥으면서 복수의 칼을 갈았다고 한다. 국력을 회복한 월나라는 간신들의 농간에 놀아나는 부차의 오나라를 쳐서 드디어 오나라를 멸망시키고 다섯 번째로 춘추오패가 되었다.

외화내빈外華內貧 _p.46
겉은 화려하게 보이지만 내실은 빈약해서, 겉과 속의 차이가 크다는 뜻이다.

욕속부달欲速不達 _p.171
《논어》자로 편에 나오는 말씀으로, 빨리 하고자 서두르면 목적을 달성할 수 없다는 뜻이다.

우공이산愚公移山 _p.27
어리석은 노인이 산을 옮긴다는 것으로, 《열자》 탕문湯問 편에 등장하는 말이다.

일벌백계一罰百戒 _p.196
한 사람의 죄를 벌주어 백 사람을 경계한다는 뜻으로, 한 가지 죄나 한 사람에게 벌을 내림으로써 여러 사람의 경각심을 불러일으키는 것을 가리킨다.

정자정야 政者正也 _p.172
《논어》 안연 편에 나오는 말씀으로, 정치란 원래 바르게 하는 것이라는 뜻이다.

조삼모사 朝三暮四 _p.187
《열자》에 나오는 고사로 아침에 도토리 셋, 저녁에 도토리 넷을 주겠다고 하니 화를 내던 원숭이들이 아침에 도토리 넷, 저녁에 도토리 셋을 주겠다고 하니 기뻐했다는 데서 유래한 말이다. 결국 같은 결과를 교묘한 말로 속일 때 여기에 현혹되는 어리석은 자들을 일컬을 때 사용된다.

천장지구 天長地久 _p.83
《도덕경》에 나오는 말로 천지자연은 장구하다는 뜻이다. 영원히 계속되는 변치 않는 것을 일컬을 때 쓴다.

취모구자 吹毛求疵 _p.126
《한비자》 대체 편 중 치국의 대강大綱을 말하는 가운데 나오는 내용으로, 털을 불어 작은 흠을 찾아내려 하지 않고 때를 씻어 알기 어려운 것을 살피지 않는다는 뜻이다.

토사구팽 兎死狗烹 _p.103, p.107
《사기》 월왕 구천세가에 있는 말이다. 사냥하던 토끼를 다 잡아먹은 후에는 사냥 솜씨 좋은 사냥개를 삶아먹는다는 뜻으로, 쓸모가 없어지면 버려질 것이라는 의미다.

회자인구膾炙人口 _p.116

'사람들의 입에 자주 오르내리는 날고기와 구운 고기'라는 말로, 회膾는 날고기, 자炙는 구운 고기를 뜻한다. 원래 이 말은《맹자》진심장구盡心章句 하下에 처음 나오며, 사람들의 입에 계속 오르내리는 이야깃거리를 말할 때 사용한다.

격과 치
ⓒ민경조 2014

2014년 5월 15일 초판 1쇄 발행
2014년 12월 15일 초판 3쇄 발행

지은이 | 민경조
발행인 | 이원주
책임편집 | 김효선
책임마케팅 | 조용호

발행처 | (주)시공사
출판등록 | 1989년 5월 10일(제3-248호)
브랜드 | 알키

주소 | 서울시 서초구 사임당로 82(우편번호 137-879)
전화 | 편집 (02)2046-2864 · 마케팅 (02)2046-2800
팩스 | 편집 (02)585-1755 · 마케팅 (02)585-1755
홈페이지 | www.sigongsa.com

ISBN 978-89-527-7133-9 13320

본서의 내용을 무단 복제하는 것은 저작권법에 의해 금지되어 있습니다.
파본이나 잘못된 책은 구입한 서점에서 교환해 드립니다.

알키는 (주)시공사의 브랜드입니다.